Das Buch

»In den letzten Jahren hatte ich Freundschaft als Kernelement in allen wirklichen Begegnungen mit Menschen kennengelernt, sogar in der Partnerschaft. Scheitern nicht die meisten Ehen eher an mangelnder Freundschaft als an mangelnder Liebe?« Als Autor psychologischer Sachbücher begibt sich Peter Schellenbaum auf neues Terrain und unternimmt mit erzählerischen, halb autobiographischen, halb mythisch-phantastischen Elementen eine ungewöhnliche Annäherung an das Wesen der Freundschaft: Als Ich-Erzähler begegnet er Menschen, mit denen er – bald Kind, bald Erwachsener, zu Hause, auf Reisen, in Gedanken – ein schillerndes Spektrum an Erlebnisweisen von Freundschaft erfährt. Bei all diesen Begegnungen löst Schellenbaum die landläufigen, allzu engen Vorstellungen von freundschaftlichen Gefühlen auf und zeigt, wie Liebe und Freundschaft und Haß ineinander verwoben sind. Und der Leser, der seinem Tanz folgt, macht die faszinierende Entdeckung, was für ihn selbst Freundschaft war und sein könnte.

Der Autor

Peter Schellenbaum wurde am 30. April 1939 geboren. Nach dem Studium der Theologie absolvierte er eine Ausbildung zum Psychoanalytiker am C. G. Jung-Institut in Zürich, wo er zuletzt als Studienleiter tätig war. 1992 gründete Schellenbaum sein Institut für Psychoenergetik im Tessin. Er veröffentlichte u. a.: ›Gottesbilder‹ (1981), ›Das Nein in der Liebe‹ (1984), ›Abschied von der Selbstzerstörung‹ (1981), ›Die Wunde der Ungeliebten‹ (1988), ›Homosexualität im Mann‹ (1991), ›Nimm deine Couch und geh!‹ (1992).

Peter Schellenbaum:
Tanz der Freundschaft

Deutscher
Taschenbuch
Verlag

Von Peter Schellenbaum
sind im Deutschen Taschenbuch Verlag erschienen:
Die Wunde der Ungeliebten (35015)
Abschied von der Selbstzerstörung (35016)
Das Nein in der Liebe (35023)
Gottesbilder (35025)

Ungekürzte Ausgabe
September 1993
Deutscher Taschenbuch Verlag GmbH & Co. KG, München
© 1990 Kösel-Verlag GmbH & Co., München
ISBN 3-466-30306-0
Umschlaggestaltung: Boris Sokolow
Gesamtherstellung: C. H. Beck'sche Buchdruckerei, Nördlingen
Printed in Germany ISBN 3-423-35067-9

Inhalt

Hineinstieg 7

ERSTER KREIS
Tanz im Regen 15

ZWEITER KREIS
An Flüssen 27

DRITTER KREIS
Über die Klinge 41

VIERTER KREIS
Kain und Abel 53

FÜNFTER KREIS
Gefährliche Hochzeit 65

SECHSTER KREIS
Trennung der Zwillinge 85

SIEBTER KREIS
Wetteifernde Freundschaft 99

ACHTER KREIS
Tanz der Ballone 109

NEUNTER KREIS
Die Erde schwebt 117

ZEHNTER KREIS
Der Sprung 127

ELFTER KREIS
Freundschaft und Liebe 143

ZWÖLFTER KREIS
Ferienclub der Erlöser 153

DREIZEHNTER KREIS
Freundeskreis für aussichtslose Anliegen 163

Hinauswurf 167

Hineinstieg

Soeben hatte es Mittag geschlagen. Ich lungerte um eine Litfaßsäule herum und schaute ohne Interesse die aufgeklebten Plakate an. Dazwischen folgte mein Blick beiläufig jungen Frauen und Männern, die an mir vorbeischlenderten und sich ans Seeufer setzten, um hier ihre Brote zu verzehren. Heute konnten sie meine Aufmerksamkeit nicht fesseln.

Es war mein letzter Arbeitstag vor einer einmonatigen Unterbrechung. Ich hatte vor, in dieser Zeit ein Buch über Freundschaft zu schreiben, kein Sachbuch diesmal, sondern eine Erzählung. Als psychotherapeutischer Sachbuchautor, der ich bisher war, lief ich manchmal Gefahr, von den Ereignissen wegzudenken. Beim Durchblättern meiner Bücher kam mir an einigen Stellen der unbehagliche Verdacht, daß ich mich im Abstand zur Sache bewegte. In diesem Buch wollte ich nur sich selbst erzählenden Ereignissen und Phantasien das Wort geben.

Darüber sann ich nach, während ich die Litfaßsäule umkreise. Mein Blick fiel auf ein Plakat, dessen obere Hälfte durch das Bild eines indischen Meisters eingenommen wurde. Schützend breiteten sich seine Arme über das Programm des angepriesenen »Instituts für menschliche Entfaltung« aus. »Entdecke deine Wahrheit«, so hieß der Titel des ersten Kurses. Entsprach das meiner Absicht? Als vom Autor unterschiedener Ich-Erzähler wollte ich mir alle Freiheiten der Lüge nehmen. Kann aus der Lüge Wahrheit kommen?

In den letzten Jahren hatte ich Freundschaft als Kernelement in allen wirklichen Begegnungen mit Menschen kennengelernt, sogar in der Partnerschaft. Scheitern nicht die meisten Ehen eher an mangelnder Freundschaft als an mangelnder Liebe? Selbst die wunderbare Utopie eines Geschwisterbundes der Menschheit nährt sich aus der Erfahrung des sich ausbreitenden Kernelements Freundschaft. In Richtung dieser Utopie lief für mich eine sich vertiefende Spur. Bedeutete sie »meine Wahrheit«?

»Löse alle deine Blockierungen!«, dazu forderte der zweite Kurs des indischen Meisters auf. Ist das wünschenswert, fragte ich mich nun. Werden Freundschaften nicht gerade durch passende Hemmungen möglich? Gibt es nicht notwendige Beziehungstabus, dank denen die Lebensenergie nach innen in die individuelle und nach außen in die soziale Entwicklung geleitet wird? Dem Versprechen, alle seelischen Blockierungen zu lösen, hielt ich meine Erfahrung der »passenden Hemmung« entgegen, die Erfahrung nämlich, daß Gefühlsbeziehungen zu Männern und Frauen oft erst dank sinnvoller Einschränkungen zu Freundschaften werden. Freundschaft ist Liebe mit der Färbung einer »unmöglichen Liebe«, sagte ich mir. Mehrmals hatte ich erfahren, daß Freundschaft auf der Grenze zwischen Einsamkeit und Liebesbeziehung, Isolierung und Verschmelzung geboren wird und sich von hier aus zum Beziehungsraum und blühenden Grenzland ausweitet.

Während ich weiter darüber nachdachte, starrte ich bereits auf die Ankündigung eines dritten Kurses, den das »Institut für menschliche Entfaltung« feilbot. Vor diesem nun stand ich wie angewurzelt und hatte somit die ruhelose Umkreisung der Litfaßsäule unwillkürlich beendet. Längere Zeit realisierte ich nicht, was ich las: »Rückführung in frühere Leben. Angewandte Psychologie der Wiedergeburt.« Vom Packen und Nachdenken mußte ich wohl etwas müde geworden sein. Jedenfalls strengte es mich an, den Sinn dieser Ankündigung zu erfassen.

Mit Freunden und Freundinnen hatte ich schon viele Leben gelebt. Wahrscheinlich entsprach jede und jeder einem Menschen, der in mir selber zur Geburt bereit war. Vermutlich hatte ich so viele Freunde wie Menschen in meinem Innern. Waren diese in mir wie mehrere Leben untereinander verbunden? Vielleicht durch ein heimliches Band. Die Adepten der Wiedergeburtslehre stellen die Verbindung mit früheren Leben als eine verborgene dar, als Identität ohne klares Identitätsbewußtsein. Ich erinnerte mich an eine merkwürdige, sich wiederholende Erfahrung bei Flugreisen. Tausend Kilometer oder mehr vom Abflugsort entfernt stieg ich aus und ging weiter, als hätte ich zum Ankunftsort hin nur einen einzigen Schritt getan. Unabhängig von Ort und Zeit erlebte ich Kontinuität. Freunde erwarteten mich zur Ankunftszeit am neuen Ort. Mit ihnen war ich ein neuer Mensch und doch der gleiche. Ein Gefühl von Geschichtslosigkeit verband sich mit dem Gefühl einer verborgenen inneren Geschichte. Den Begegnungen am alten und denen am neuen Ort war eines gemeinsam: die Erfahrung einer Verbindung zwischen dir und mir. Das Du blieb unter den Erscheinungsformen verschiedener Menschen ein Du, wie auch ich bei allen sich wandelnden Selbsterfahrungen ich blieb. Das Gemeinsame war die Lebendigkeit zwischen zwei Polen: dir und mir.

Die Freiheit von Definitionen hatte ich in solchen Momenten, wenn ich den Fuß auf einen neuen Boden setzte und in ein neues Gesicht schaute, wie die Offenbarung einer seit jeher gültigen Wahrheit erlebt. – Wenn ich nun über Begegnungen der Freundschaft erzählen wollte, dann vor allem, um in den »Wiedergeburten« der Freundschaft der Begegnung selber zu begegnen.

Während sich mir diese Überlegungen aufdrängten, hatte ich eine noch nie erlebte Empfindung. Zunächst meinte ich, es sei nur die Verstärkung einer Müdigkeit, die ich schon vorhin gespürt hatte, eigentlich, seit ich bei der Litfaßsäule angelangt war. Nun kam mir die Müdigkeit wie eine Ohnmacht bei vollem Bewußtsein vor. Ich lehnte mich an die Litfaßsäule, da, wo das Plakat des »Instituts für menschliche Entfaltung« klebte. Dabei winkelte ich mein rechtes Knie an, setzte den rechten Fuß an die Säule und erinnerte mich im gleichen Augenblick an einen Jugendfreund, der oft in dieser Weise an die Mauer unserer Schule gelehnt stand.

Da wurde die Litfaßsäule hinter mir weich wie Schaumgummi. Mit mir geschah jene Verzauberung zum Selbstverständlichsten, die ich seit langem vorausgeahnt hatte. Ich kippte nach hinten in die Litfaßsäule hinein und fand mich auf einmal im Inneren ihres dunklen Zylinders vor. Das Unerwartete machte mich plötzlich ganz aufmerksam. Ich sah zunächst nichts und fühlte einen kühlen Windzug, der von unten durch meine Hosenbeine hochwehte. Aus Angst zu fallen stand ich unbeweglich da. Nach und nach gewöhnten sich meine Augen ein wenig an die Dunkelheit. Vor mir erblickte ich eine steinerne Wendeltreppe ohne Geländer, die steil in die Tiefe führte. Ein bläulicher Lichtschimmer sickerte von weit unten zu mir durch. Es war mir, als hörte ich das Plätschern von Wellen. Doch vielleicht war es nur das Rauschen des Verkehrs um die Litfaßsäule herum.

Ohne zu überlegen, begann ich vorsichtig, die Spirale der Treppe hinunterzusteigen. Obwohl ich zunächst langsam ging, machte mich die Kreisbewegung etwas schwindlig. Der Zugwind blies immer schärfer zu mir hoch. Sein Pfeifen vermischte sich mit dem lauter werdenden Geräusch plätschernden Wassers, das nun klarer an meine Ohren drang. Je tiefer ich stieg, desto rascher ging ich, wie nach unten gesogen. Auf einmal dünkte mich, ich würde seit jeher diese Wendeltreppe hinuntersteigen und befände mich schwerelos zwischen einem Anfang und einem Ende, die es nicht gab.

Im gleichen Augenblick langte ich unten an. Der Wind hatte aufgehört zu blasen. Es herrschte völlige Stille. Auch das Geräusch des Wassers war weg. Als ich fest aufstampfte, verursachten meine Füße kein Geräusch. Vor mir lag ein Gewässer, dessen Ende ich nicht sah. Aus seiner Tiefe schimmerte es dunkelblau. Dies war die einzige Lichtquelle hier unten. Der Boden, auf dem ich stand, war so schwarz, daß er nicht zu existieren schien. Mein Blick wandte sich wieder zum dunkel glitzernden Wasserspiegel, über den kleine Wellen atemlos huschten. Auch sie machten kein Geräusch. Alle Geräusche schienen wie fortgezaubert und aufgehoben.

Ein Gefühl unausweichlicher, unerlösbarer Einsamkeit nahm von mir Besitz. »Du bist gestorben, und das ist die Hölle«, sagte ich mir. »War mir nicht heute früh schon ein wenig so zumute, als ich lustlos meine Koffer für die große Reise packte? Empfand ich nicht seit längerem mitten im Getümmel des Terminkalenders dieses Gefühl stiller Schwerelosigkeit ohne Halt und Ziel, den Eindruck, als würde ich nur spielen, was ich lebte, und als würde ich bloß ein Spiel leben? Ist diese uferlose Einsamkeit mein angedeutetes Geheimnis seit jeher, dieses dunkle Gewässer die Lösung meines letzten Rätsels?«

Dieses horizontlose, leidlose, leere Gefühl der Einsamkeit blieb auch, als ich bemerkte, daß direkt vor mir bewegungslos eine Gestalt stand. Ich war sicher, sie war schon da, als ich kam, aber ich sah sie erst jetzt. Aus ihr schimmerte das gleiche dunkelblaue Licht wie aus dem Gewässer. Ich hatte Mühe, sie im Auge zu behalten. Erlahmte ich in meinem Hinschauen, zerfloß sie ins Wasser hinein und wurde zu einer Welle dieses unteren Meeres. Weil sie sich ständig wandelte, war sie so schwer zu erkennen. Einmal war sie eine Frau, dann ein Mann. Einmal erschien sie mir als Sinnbild aller Glückseligkeit und im Nu als Abgrund von Traurigkeit und Verzweiflung. Einmal war sie jung, und ich hatte Lust, mich jauchzend mit ihr zu balgen, doch unversehens wurde sie uralt, und es zog mich hin, mich zu ihren Füßen zu setzen.

Welche Gestalten sie vor meinem Auge auch annahm, alle kamen sie mir zugleich fremd und vertraut vor. Ab und zu war ich versucht, einen bekannten Namen in die Lautlosigkeit hineinzurufen, doch unterließ ich es in der Ahnung, daß ich dann nichts mehr sehen würde. Was immer kommen sollte: Ich wollte es nicht durch Namen verscheuchen. War es nicht unmöglich, jeder der sich im Wasser bewegenden Wellen einen eigenen Namen zu geben? Reichte es nicht, Du zu sagen und zu warten, mit wem ich eine Zeitlang gehen durfte?

Auf einmal bemerkte ich, wie zwischen der Gestalt und mir kleine, blaue Lichtfunken hin und her schossen. Jeder von ihnen suchte blitzschnell einen Ort, durch den er in meinen Körper eindringen konnte. Wurde ich unaufmerksam, prallten sie von mir ab und verglühten schnell. Gab ich aber ganz auf sie acht, drangen sie in mich ein und schenkten mir Wärme und Licht von innen.

Ich glaube, daß die Funken weder in der Gestalt noch in mir, sondern zwischen uns entstanden, und staunte über das seltsame Wetterleuchten, das in meinem Körper ein Kribbeln und Kreisen, ein Zucken und Ziehen verursachte. Die Energie der ganzen Welt pulsierte in mir.

So sehr ich mich auch mit meinem ganzen Wesen zur Gestalt, die mir gegenüberstand, hin spannte: Es gelang mir immer weniger, im ungeheuren Miteinander verschiedenster Kräfte zum einheitlichen Fluß zu finden. Immer wirrer durchpflügten die Energien meinen Leib. Angst packte mich: Ich fühlte mich ihnen ausgeliefert. Meine Augen trübten sich. Ich sah die Gestalt nicht mehr. Auf einmal begriff ich mit Schrecken, daß sie kein Gegenüber mehr war, sondern in meinem Leib wütete. Ein Sturm tobte in meinem Innern. Er drohte mich in Stücke zu zerreißen. Ein Riß schoß quer durch meine Brust und pflanzte sich blitzschnell in viele kleine und große Risse durch meinen ganzen Körper fort. Gleichzeitig schwand mein Bewußtsein.

Erster Kreis

Tanz im Regen

Als ich wieder zu mir kam, gingst du lachend neben mir her, pufftest mich in die Seite und necktest mich mit schmeichelnder Stimme: »Wieder einmal abwesend? Wieder einmal weg vom Fenster?« Ich schüttelte mich wie ein Hund, der aus dem Wasser steigt, um meine Zerstreutheit loszuwerden, und sah dich an: einen vierzehnjährigen Knaben wie ich, gleich groß, doch muskulöser als ich, mit glänzenden braunen Augen, einem eher breiten Gesicht mit ansprechenden, regelmäßigen Zügen und mit dunkelbraunen, kurzgeschnittenen Haaren. Noch einmal pufftest du mich und ranntest gleich los, ich hinter dir her.

Es war ein heißer Nachmittag Ende August. Wir hatten schulfrei und wollten in einem Bach, der durch den nahen Wald floß, einen Damm bauen, um in dem entstehenden kleinen Stausee zu baden. Fast immer lachend sprachen wir bangloses Zeug: Der Deutschlehrer war offensichtlich in das dunkelhaarige Mädchen in der vordersten Reihe verliebt, das stellten wir beide fest. Wenn er sie anschaute, und das tat er fast immer, bekam sein Gesicht einen dümmlichen Ausdruck. Wie er nur so blöd sein konnte! Und wie sah wohl seine Frau zu Hause aus? Während wir daherfaselten, spürte ich, wie gerne ich mit dir zusammen war, wie ich lieber mit dir Unsinn redete und trieb, als mit anderen Klassenkameraden sinnvolle Dinge zu tun. Begegneten wir uns, fingen wir gleich zu lachen an, als würden wir in uns gegenseitig unwiderstehlichste Heiterkeit wecken. Wir machten keine großen Pläne zusammen, aber hatten unaufhörlich kleine Einfälle. Deine und meine Phantasie glichen zwei Wildbächen, die im Zusammensprudeln hoch aufspritzten. Wenn wir uns längere Zeit nicht sahen, etwa während der Schulferien, dachte ich nicht oft an dich. Doch wenn wir uns dann zum ersten Male wieder trafen, fuhren wir in einem Spiel oder Gespräch da fort, wo wir vor einigen Wochen aufgehört hatten. So vertraut waren wir uns, daß wir uns gar nicht vorstellen konnten, jemals keine Freunde mehr zu sein. In deiner Gegenwart hatte ich doppelt so viele Ideen, doppelt soviel Kraft und Lebenslust. Wir sprachen nie über unsere Freundschaft, das war eine von mehreren kleinen Einschränkungen, die wir uns auferlegten, ohne zu wissen, warum.

Nun befanden wir uns also miteinander unterwegs zum Wald.

Es war drückend heiß, und wir freuten uns darauf, im strömenden Wasser stehend den Damm zu bauen. Im Wald begegneten wir einigen Spaziergängern, die eilig an uns vorbei der Stadt zustrebten. Eine Mutter schob ihren Kinderwagen fast laufend, ein Hund rannte mit eingezogenem Schwanz waldauswärts. Schließlich war weit und breit niemand mehr zu sehen. Wir fühlten uns wie elektrisiert, sprachen und gingen ausgelassen und fiebrig.

Es war dunkel geworden. Plötzlich bemerkten wir die unheimliche Stille um uns herum. Schwer lastete die Luft auf den unbeweglich gebannten Bäumen. Die Atmosphäre war aufs äußerste gespannt. Wir selber verstummten und fühlten uns in einen größeren Zusammenhang hineingezogen. Angenehme Mattigkeit erfaßte mich, als dürfte ich alle Initiative an die Welt abgeben.

Nun fing es auch schon zu regnen an, plötzlich und ohne Übergang. Wir rannten zu einer etwa zweihundert Meter entfernten Waldhütte, die zur Wegseite hin offen war und mit Bänken, die entlang der drei Wände liefen, zur Rast einlud. Wahre Bäche von Regen entluden sich und klatschten auf den Waldboden, der zu dampfen anfing. In der Hütte zogst du mit raschen Griffen dein durchnäßtes Hemd aus, und ich tat das gleiche. Die beiden Hemden warfen wir zusammen auf die Bank an der Längsfront der Hütte und sprangen auf die beiden gegenüberliegenden Seitenbänke. So standen wir uns mit einem Abstand von etwa fünf Metern gegenüber und schauten uns, auf einmal leicht verlegen, an.

Schließlich gabst du dir einen Ruck und riefst mir zu: »Wir wollen uns ausziehen, ganz nackt, damit wir schneller trocknen.« Und schon waren wir nackt ausgezogen und schmissen Hosen, Unterhosen und Sandalen zu den Hemden auf einen Haufen. Der Kopf drehte sich mir. Sprungbereit standest du da. Dein glatter, kräftiger Körper gab mir ein Gefühl brüderlicher Nähe. Uns beiden zusammen kann nichts passieren, dachte ich stolz, wir zeigen es allen, wirklich allen. Mit uns können sie es nicht mehr machen, nie mehr.

Und schon sprangen wir los, jeder auf die gegenüberliegende Bank, wo soeben noch der andere gestanden hatte. Wieder standen wir uns gegenüber und schauten uns an. Doch gleich wiederholten wir das Spiel, sprangen hinunter, aneinander vorbei und wieder hoch. Nun warteten wir nicht mehr, um erneut loszusausen. Wieder und wieder tauschten wir in rasendem Wettstreit unsere Plätze, streiften und stießen uns in der Mitte, wo unsere Wege sich kreuzten. Beide trieften wir von Schweiß, doch ließen wir uns keine Ruhe, rannten ein übers andere Mal aneinander vorbei, bis wir fast die Besinnung verloren.

Ohne erkennbares Signal hielten wir plötzlich inne. Wie zu Beginn standest du mir und ich dir gegenüber. Nach dem besessenen Tanz bebten unsere Körper in höchster Erregung. Durch den Schweiß, der mir in die Augen rann, sah ich, wie sich dein Glied aufrichtete. Gleichzeitig spürte ich, wie sich auch meines reckte. Wir standen unbeweglich. Zum ersten Mal seit Beginn unseres verrückten Spiels sagtest du etwas: »Deiner ist genau gleich groß wie meiner. Das ist gut.«

Diese Worte schossen mir heiß und freudig in den Leib. Ja, es ist gut. Beide wissen wir, daß es gut ist. Wir sind Zwillinge, auch wenn wir anders aussehen. Niemand weiß, daß wir Zwillinge sind. Niemand soll es wissen außer uns. Es ist unser Geheimnis, unsere Kraft. Morgen werden wir wieder in der Schulbank sitzen, und niemand wird uns das Geheimnis ansehen. Niemand wird uns die Kraft ansehen, die uns verbindet.

Auch diesmal warst du es, der mich aus meiner Nachdenklichkeit riß. »Los, in den Regen!« riefst du. Miteinander flitzten wir in den sintflutartigen Regen. Von allen Seiten prasselte er auf uns ein. Halb blind und atemlos begannen wir ein neues Spiel. Laut schrien wir die unflätigsten Wörter in den tosenden Regen. Jeder versuchte dabei, den andern zu übertrumpfen. So ging es wieder hin und her.

Im Klang und Rhythmus der Flüche, Schimpfwörter und Zoten, deren wir immer neue fanden und auch erfanden, begannen wir einen irren Tanz. Wir drehten und verrenkten uns, wie wir es bei anderen noch nie gesehen hatten, und heulten immer durchdringender unsere lästerlichen Wortschöpfungen in Wald und Naß. Wir sprangen aufeinander zu, als wollten wir uns zu Boden werfen, hielten aber kurz vor der Berührung inne, warfen die Arme zum Himmel, wie um den Regen zu schöpfen, senkten sie dann zu obszönen Gebärden, hoben sie wieder, als wollten wir eine obere Gottheit in uns hineinrufen und verschlingen. Jetzt mischten wir ehrwürdige Gebete in unsere Flüche und tanzten zum Takt dieser heiligen und höllischen Formeln um die Wette.

Der Regen hörte ebenso plötzlich auf, wie er angefangen hatte. Vor einer mächtigen Eiche mit einem dicken Stamm ließen wir uns zu Boden sinken. Dein linkes Knie berührte mein rechtes. Es war mir, als sei mit mir etwas Wichtiges ein für allemal geschehen. In jeder Zelle meines Körpers pulsierte das Blut heiß und heftig. Wiederum kam mir der Gedanke: »Mir kann niemand mehr etwas anhaben. Du bist da, und ich bin da.«

Ein unbestimmtes Gefühl von Dankbarkeit stieg in mir hoch. Auch du warst still. Ich weiß nicht, wie lange wir so dasaßen. Zum ersten Mal in meinem Leben fand ich meinen nackten Körper schön, so wie ich deinen schön fand. Ein langsamer Rhythmus trug uns gemeinsam nach vorne. Er war ewig und selbstverständlich. Wir spürten dunkel: Dies Unbeschreibliche zwischen uns dürfen wir nicht stören. Kein vorschnelles Wort, keine vorschnelle Gebärde. Unsere Leben wollten noch verborgen reifen. Unser Tanz im Regen war ein Tanz für einen unbekannten Gott.

Und doch sprachst du auf dem Weg zu deinem Elternhaus einen Satz aus, der mich noch lange beschäftigte. »Ich will nie heiraten«, sagtest du, und ich ahnte, daß du Angst hattest, etwas von dem zu verlieren, was soeben auch in dir zu leben begonnen hatte.

Deine Mutter empfing uns mit Beschimpfungen der Erleichterung. Sie stieß den Sohn, von dem ich mich nicht mehr verabschieden konnte, ins Badezimmer, wo sie ein heißes Bad für ihn einlaufen ließ. Mir befahl sie, mich auszuziehen, und holte für mich aus deinem Schrank ein trockenes Hemd. Als wäre nichts dabei, zog ich es rasch an, gab deiner Mutter flüchtig die Hand, schwang mich auf mein Rad und fuhr zum anderen Ende der Stadt, wo mein Elternhaus stand. Auch die Vorwürfe meiner Mutter ließen mich kalt und verstärkten eher noch mein Gefühl trotziger Unabhängigkeit und männlicher Kraft, das an diesem Nachmittag mit dir zusammen in mir aufgebrochen war. Meine Mutter hieß mich, sogleich das fremde Hemd auszuziehen. Ich gab zu bedenken, es sei doch Unsinn, das frisch gewaschene Hemd gleich wieder zu waschen. Mindestens einen Tag wolle ich es noch tragen. Davon ließ ich mich nicht abbringen und trug es den ganzen nächsten Tag auch in der Schule. Das blaue, grobkarierte Hemd mit dem Duft eines fremden Waschpulvers ließ ich mir an den Leib wachsen, und da blieb es, auch nachdem ich es dir wieder zurückgegeben hatte.

Noch einmal, zehn Jahre später, bin ich dir im Regen begegnet: dir, einer jungen Frau mit einem geschmeidigen, festen Körper, hellblauen Augen und kurzem, blondem Haar. Als es zu regnen begann, erkannte ich dich. Wir waren bereits drei Tage auf Pferden zusammen durch den Urwald Kolumbiens zu riesigen Steinköpfen aus indianischer Zeit unterwegs. Diese sahen Kinderköpfen ähnlich. Zwischen rankenden Pflanzen schienen sie wie monströse Pilze gleichzeitig zu wachsen und zu vermodern.

Jeder von uns reiste seit mehreren Monaten alleine durch Lateinamerika. Zufällig hatten wir uns in einem alten indianischen Heilbad an einem Fluß getroffen. Du warst gerade dabei, ins Wasser zu steigen, als ich dich ansprach und um Rat anging, wo ich eine Unterkunft finden könnte. Gleich warst du mir vertraut, als hätte ich dir schon hundert ähnliche Fragen gestellt. Auch ich hatte Lust auf ein Bad und zog mich neben dir aus. Unsere Blicke kreuzten sich. Ich lachte herausfordernd, wie ich es vor einem Jahrzehnt gelernt hatte. Du lachtest unbekümmert zurück, und wir tauchten zusammen in den Fluß. Wie ich neben dir schwamm, löste sich in meiner Brust sanft ein Druck, der auf mir gelegen hatte. Ich schwamm und atmete im gleichen Rhythmus wie du. Die Einsamkeit der letzten Tage wich von mir.

Du fragtest mich, ob ich Lust hätte, mit dir zu den Riesenköpfen im Urwald zu reiten, nicht nur zu den leicht zugänglichen, sondern auch zu den ferner gelegenen und schwerer erreichbaren. Ein wegkundiger Indianer würde uns begleiten. Noch am gleichen Abend schauten wir uns die kleinen, zähen Pferde an, und am nächsten Tag ritten wir beim Morgengrauen in den Urwald hinein, der in dieser Meereshöhe weniger dicht war.

Am dritten Tag also fing es zu regnen an. Wir waren bereits auf mehrere Gruppierungen der zu Stein geronnenen Geisterköpfe gestoßen. Nach den Aussagen unseres Begleiters mußten wir uns in unmittelbarer Nähe zu einem wenig bekannten Ort befinden, wo dicht zusammengeschart Köpfe den Urwaldboden bevölkerten. Ich hielt mich kaum mehr auf dem Pferd. Hintern und Oberschenkel waren mir wund gescheuert. Jede Bewegung des Pferdes tat weh. Im Trancezustand eines tagelangen Schmerzes nahm ich den Rhythmus des Tierleibes widerstandslos in mich auf, mit der halbbewußten Sinnlichkeit, die durch einen konstanten Schmerz genährt werden kann. Mit den gleichen Beschwerden rittest du neben mir. Seit Stunden hatten wir kein Wort zusammen gesprochen. Der Schmerz, den wir gleichzeitig empfanden, schweißte uns in einer trägen Schicksalsgemeinschaft zusammen. Nichts hatten wir voreinander zu verbergen. Die Kraft zur Fassade fehlte uns.

Einmal fragte ich mich, ob ich eigentlich schlief oder wachte, und im gleichen Augenblick fragtest du mich: »Schläfst du?«

Auf einmal brach der Himmel über uns entzwei. Ein Meer ergoß sich über uns. Die drei Pferde standen bockstill. Deins und meins dicht nebeneinander, das dritte mit dem Führer vor uns einen Steinwurf entfernt. Es war so schwül, daß wir keine Veranlassung hatten, den Regenschutz aus dem Gepäck freizuschnüren. Mein rechtes berührte kurz dein linkes Knie. Mit dir fühlte ich mich in grenzenlose Nässe hinein aufgelöst. Ohne dich wäre ich isoliert gewesen, in Abwehr getrennt von der eintosenden Natur, ein totes Stück Sinnlosigkeit im großen Chaos. Doch du saßest neben mir auf einem ähnlichen Pferd wie ich, und ich brauchte mich nicht zu wehren. Du und ich waren ins Unwetter eingesogen und zusammen ein Teil von ihm.

Unter den Hufen unserer Pferde wurde der Boden zu Schlamm. Die Tiere begannen nervös tänzelnd nach einem Halt zu suchen. Da sie ihn immer weniger fanden, wuchs ihre Unruhe. Ihr angstvolles Wiehern wurde vom Strudel des Unwetters verschluckt. Um sie zu entlasten, stiegen wir ab. Doch nun versanken auch wir in einem sich zunehmend verwässernden Grund. Ein merkwürdiger Tanz begann, von den äußeren Umständen aus gesehen ganz anders als der erste, und doch empfand ich ihn ähnlich. Auf dem weichenden Boden bewegten wir uns unwillkürlich mit den Pferden in tänzelnden Schritten und Sprüngen, die wir nicht selber machten: im notwendigen Rhythmus der nach Halt suchenden Füße und Hufe.

Neben mir tanztest du den gleichen Halt und Grund suchenden Tanz wie ich. Natürlich bewegten sich deine und meine Füße nicht im Gleichtakt. Doch verband uns die Gleichzeitigkeit unserer unbeholfen tapsenden Schritte. Das Wort Freundschaft tat sich mir auf als ein Wort der Beziehung in der Beziehungslosigkeit und der Freiheit im Zwang.

Der Regen ließ nach, und unser Tanz hörte auf. Ich schlang meinen rechten Arm um deine Hüfte und war versucht, dir zu sagen: »Ich habe Vertrauen zu dir«, doch das wäre ein Vertrauensbruch gewesen, als hätte ich plötzlich die Luft angehalten. Wir überließen die Pferde unserem Führer und gingen zu Fuß ein Stück in den Urwald hinein. Nach wenigen Metern stießen wir auf eine fast ganz überwachsene, liegende Steinfigur: eine Frau mit einem riesigen runden Becken, aus dem der ganze restlich Körper herauswuchs. Um sie herum zerstreut lagen überdimensionale halslose Kinderköpfe, deren einziger Leib die Erde schien. Da der Boden noch durchweicht war, legten wir uns umschlungen in den Schoß der Figur und schliefen gleich vor Erschöpfung ein.

Ich wußte gleich, daß auch du anwesend warst. Auf dem Platz, auch er riesig und rund, zu dem gerade Straßen sternförmig hinführten, spürte ich deine Gegenwart: in den vielen, die zum großen Fest zusammengeströmt waren. Ich erkannte dich an der elektrisierenden Atmosphäre, am Ansteigen einer heiteren, undisziplinierten Erregung, an der Lust, die mich überkam, in Gesichter und auf Körper zu schauen.

In der Mitte des Platzes erhob sich eine hohe Säule, auf deren Spitze ein zur Feier frisch vergoldeter Engel – der Genius des Gefängnisses – tanzte. Auf einem überdachten Podium spielte ein Orchester kunterbunt Volkstänze, Blues und harten Rock. Die Menge nahm die Musik kaum zur Kenntnis. Polizisten begannen, rund um den Platz, der von den vielen tausend Menschen wie ein Bienenstock summte, eine Schranke aufzurichten, so daß sich niemand mehr entfernen konnte. Es hieß, hohe Gäste – Staatsfrauen und -männer – würden gleich zur angrenzenden neuen Oper fahren, und die Straßen müßten frei sein. Für dringende Fälle standen neben der Säule ein startbereiter Hubschrauber und das Zelt einer Ambulanz. Die Absperrung wurde durch eine dichte Kette von Soldaten mit Maschinengewehren im Anschlag verstärkt. Die Befreiung des Volkes von der Staatsgewalt wurde gefeiert. In gepanzerten Limousinen konnten sich die obersten Volksvertreter frei zur neuen Oper, dem Ort bevorstehender raffinierter Inszenierungen, hin bewegen.

Außer einigen Witzen hörte ich keinen Kommentar zu unserer Einzingelung. Entsprach es nicht unserem freien Wunsch, auf diesem begrenzten Platz zu feiern? Kam es nicht auf dasselbe hinaus, auf unserem Festplatz oder durch nahtlosen Schulterschluß auf der Erdkugel eingeschlossen zu sein? Zwar ist der Rahmen des Planeten Erde größer. Doch wem nützt ein riesiger Rahmen, wenn die gleichen Probleme wie in unserer vergleichsweise kleinen Umzäunung überall frei zirkulieren? Ich begriff, warum wir Anwesenden unser Eingeschlossensein auf diesem Platz, wo das Volk vor zweihundert Jahren ein Gefängnis gestürmt hatte, keineswegs ungewöhnlich fanden. Wir hatten uns nicht zu beklagen. Alle waren wir hier, um zu tanzen und unsere zweihundert Jahre alte Freiheit zu feiern.

Ein starker Wind kam auf und stieß rasch eine dunkle Wolkenfront über den Platz, der in der Hochsommerhitze glühte. Ich wunderte mich, daß so wenige Menschen tanzten. Junge Burschen rannten durch die Reihen und warfen Knallfrösche zwischen die Beine der Frauen. Da und dort flackerte ein wenig Panik auf, doch bei der Größe des Platzes verlagerte und verteilte sie sich immer wieder, und im großen und ganzen herrschte Ruhe. Ab und zu stieg der Hubschrauber auf, und es erhob sich ein fröhliches Gekreische, wenn der durch den Rotor verursachte Windzug keck Blusen, Hemden, Röcke und Hosen aufblähte.

Auf einmal begann es zu regnen. Alle schauten verdutzt zum Himmel. Niemand hatte einen Regenschutz dabei. Noch vor einer Stunde war der Himmel wolkenlos blau gewesen, und die Wetterprognose hatte ein »grand beau temps« angekündigt. Nun kehrten wir Zehntausende uns alle gleichzeitig von der Säule im Zentrum ab und bewegten uns auf die Straßen zu, die wie Strahlen vom Platz wegführten. Doch hatten wir die ringförmige Umgrenzung mit dem lückenlosen Polizeikordon vergessen. Ungeduldige Rufe an die Adresse der Polizisten wurden laut. Diese aber standen unter Befehl und wichen nicht. Da und dort kam es bereits zu kleinen Handgemengen mit den Ordnungshütern. Die ganze Himmelsflut schien sich über den einen Platz zu ergießen. Die Schreie wurden lauter, und im unruhigen Hin und Her der Versuche auszubrechen, wurden Menschen gestoßen oder fielen sogar zu Boden. Einige wenige wurden getreten und schrien in Todesangst.

Wie auf ein heimliches Signal hin realisierten wir alle gleichzeitig, daß wir auf dem Festplatz gefangen waren und es keinen Ausweg gab, zumindest nicht in der notwendigen Frist. In diesem Moment gemeinsamen Begreifens wurde es einige Sekunden lang ruhig auf dem Platz. Um so lauter prasselte der Regen auf uns herab. Durch die Bresche der allgemeinen Erstarrung drang unerwartet, zusammen mit dem Klatschen des Wassers, die Musik grell und aufreizend in unser aller Bewußtsein ein. Unschlüssig schauten wir uns mit offenen Mündern an, bis plötzlich ein etwa zwanzigjähriger hübscher Kerl ekstatisch einen lauten Jubelschrei ausstieß, die Arme weit ausbreitete, die Finger spreizte, als wollte er sich uns allen aus purer Freude schenken. Das Orchester mußte ihn bemerkt haben. Es spielte, auf seine sich steigernden Bewegungen eingehend, zunächst verhalten und langsam, dann immer lauter und schneller. Gleichzeitig mit den Rhythmen des jungen Tanzmeisters pflanzten sich Seufzer der Erleichterung ansteckend durch die Menge fort.

Nun wußte ich ohne jeden Zweifel, wer du warst: zunächst dieser Eine, der die ungeordneten Energien aller in sich bündelte, und dann die vielen, in die sich die nun geeinte Kraft zurück ergoß. Der riesige Platz wurde zum sich wellenden Meer eines einzigen Tanzes. Haut und Augen glänzten unter dem triefenden Wasser, das uns wie in einer gemeinsamen Taufe verband, so daß es mir leichtfiel, im Tanzen dich und dich und dich zu berühren und mich im Kontakt mit allen aufzuladen. Der junge Tanzmeister hatte den Anstoß gegeben. Auf einmal sah ich ihn nicht mehr. Die Menge hatte ihn aufgeschluckt. Durch seine Hingabe wurde er einer *von* allen. Seine Glückseligkeit bestand darin, nicht mehr einer *vor* allen zu sein. Wir brauchten keinen Taktgeber und Schrittmacher mehr, auch als die Musik aufhörte zu spielen. In jedem war der eigene Rhythmus angeschlossen an den Rhythmus aller. Jeder tanzte jetzt seinen eigenen, unverwechselbaren Tanz. Die Gleichzeitigkeit verband alle ungleichen Tänze in einer umgreifenden Tanzfigur, deren Ordnung zwar spürbar, aber nicht erkennbar war.

Auch auf der Höhe unserer Ekstase vergaßen wir den Gefängnisring um den Platz, auf dem wir tanzten, nicht. Ebenso fuhren einige Burschen fort, sich Luft zu machen, indem sie ihre Knallfrösche explodieren ließen. Es kam mir vor, als ob wir alle vor einer Grenze tanzten, hinter der die Panik lauerte – als ob sich die im gemeinsamen Lebensdrang glücklich gebündelten Energien plötzlich, auf das Signal eines jetzt noch verborgenen Zerstörungsmeisters hin, entfesseln und Tod bringen könnten. Hätte sich der junge Tanzmeister nicht in unseren Dienst gestellt, wäre es wahrscheinlich bereits dazu gekommen. Ein Knallfrosch zuviel, ein einziger Mensch, der gegen sich selber tanzen würde, könnte die dünne Grenze durchbrechen und aus den sich freundschaftlich nahen Menschen Feinde machen, die sich umstoßen und zertrampeln würden, wie es vor dem Auftreten des Tanzmeisters bereits vereinzelt geschehen war.

Auf diesem Platz, auf dieser Erde ist die Energiekonzentration aufs gefährlichste gestiegen, überlegte ich mir, und es bräuchte die

Wachheit und Liebe entspannter Weisen, um die drohende Panik im großen Tanz stets von neuem zu entschärfen.

Auf dem alten Gefängnisplatz wurde die Grenze nicht durchbrochen. Bis zum Schluß spürte ich deine freundschaftliche Präsenz. Der Tanz dauerte länger als der Regen. Als sich die Menschen verliefen, machte auch ich mich auf den Weg. Die Absperrungen waren weggeräumt, die Polizisten verschwunden, zusammen mit dem Helikopter und dem Zelt für die Ambulanz.

Zweiter Kreis

An Flüssen

Im Fluß, der an meiner Heimatstadt vorbeifließt, standest du, ein elfjähriges Mädchen, auf einem großen Stein, der wie der Bug eines Schiffes das herandrängende Wasser zerschnitt.

Der eigenen Spur in die Zukunft zu folgen fordert von uns, daß wir in der Zeit auch zurückgehen können. Wir leben in unzähligen Kreisen. Einmal denken wir: »Wir sind am gleichen Punkt, wie vor vielen Jahren. Das ist deprimierend.« Doch vielleicht täuschen wir uns: Vielleicht sind wir auf dem oberen Kreis einer Spirale, in Nachbarschaft zu einem Punkt auf einem unteren Kreis, dem so nahe zu sein wir uns zu unrecht schämen. Denn immer ist der untere Punkt die Wurzel, die wir gerade brauchen. Auch das Gegenteil ist wahr: Wir wähnen uns weit fortgeschritten und befinden uns doch noch immer im selben Teufelskreis, wenn auch auf seiner entgegengesetzten Seite. Der Fortschrittsgedanke hindert am Vorwärtsschreiten auf der eigenen Spur.

Mir schien es natürlich, daß du mir, nachdem wir durch die Taufe des Dionysos zu Regenmachern wurden, nun als Kind in einem Fluß begegnetest. Seit meiner Kindheit liebe ich Flüsse mehr als alle anderen Gewässer. Wann immer ich einem Menschen freundschaftlich begegne, bitte ich ihn, mit mir an einem Fluß zu wandern.

Diesmal warst du es, die mich an einem sonnigen Nachmittag im März zum Fluß zog, und ich wünschte mir, du würdest mich ein Leben lang mit dir ziehen lassen. Dich liebte ich, du warst tatsächlich meine erste Liebe. Die Freundschaft mit dir war eine Liebe, die um sich selber nicht wußte. Deine gekrausten Haare waren fast blauschwarz. Deine goldene Haut gab mir die Sehnsucht nach Ländern, die ich nur aus orientalischen Märchen kannte. Stolzer und freier warst du als alle anderen Mädchen und auch Buben unserer Schulklasse.

Nie schautest du mich lange an. Dein Blick glitt an mir vorbei und geriet in den Sog eines fernen Ziels. Ständig lebtest du in einer leise geschürten Ekstase. Für diesen Blick der Sehnsucht liebte ich dich. Abhängig war ich davon, dich anzuschauen und mit dir am Fluß zu spielen. Du aber warst von mir, wie auch von den anderen, unabhängig. Sogar dem Lehrer gegenüber machtest du keinen

Hehl aus deiner stolzen Freiheit. Trat er dir mit seinen Forderungen zu nahe, entzogst du dich ihm mit dem Schnauben eines nervösen Fohlens. Wie bewunderte ich dich dafür! Du konntest dir die Verweigerung leisten, befandest du dich doch nur mit halbem Fuß und halber Zeit in unserer Klasse. Im Sommerhalbjahr zogst du mit dem kleinen Wanderzirkus deines Vaters durch die Schweiz. Dein scharfer Zirkusgeruch zeichnete dich aus und umgab dich wie eine Aura der Freiheit.

Mein Schmerz, dich zu verlieren – und ich verlor dich täglich, nicht nur im Frühling –, war so unerträglich, daß ich mich mit der Kraft meiner ganzen Seele in Phantasien hineinsteigerte, die mir alltäglicher als mein Alltag wurden. Während dieses ganzen Winters, der sich gerade in den beginnenden Frühling hinein auflöste, nährte ich ein Geheimnis, daß ich noch nicht einmal dir mitgeteilt hatte: Diesmal würde ich zusammen mit dir aufbrechen und mein Leben lang nur noch im Zirkus unterwegs sein.

Viele Jahre später hörte ich mit der gleichen Ergriffenheit von Wandermönchen auf dem Berge Athos, die ein Gelübde abgelegt hatten, nie zwei Nächte am gleichen Ort zu schlafen. Ich teilte deine Verachtung für die Seßhaften, zu denen ich noch gehörte. In meiner Vorstellung warst du die einzige Garantin meines künftigen Nomadenlebens. Im Religionsunterricht zogen mich Geschichten in den Bann, die das Nomadenleben des Volkes Israel beim Auszug aus Ägypten und das Wanderleben Jesu und seiner Jünger durch Galiläa schilderten. Doch gleichzeitig verfolgte mich in meinen Alpträumen die Figur des heimat- und rastlosen Ewigen Juden.

Heute hatte ich beschlossen, dir mein Geheimnis zu eröffnen. Lange wartete ich und schaute dir zu, wie du mitten im Fluß standest und flache Steine über die Wellen hüpfen ließest. »Komm zu mir ans Ufer!« rief ich. – »Mir gefällt es hier. Bleib du bloß am Ufer!« – Ich rief zurück: »Dann komme ich zu dir. Rücke auf deinem Stein ein bißchen zur Seite, damit auch ich Platz finde!« – »Auf meinem Stein ist nur für einen Platz. Wenn du willst, lasse ich dich auf den Stein, aber dann springe ich ans Ufer.« »Nein. Bleib, wo du bist, und ich bleibe, wo ich bin.« – Unser Gespräch nahm keinen günstigen Anfang. Um meine Spannung loszuwerden, schrie ich laut zu dir hinüber: »In zwei Wochen gehe ich mit dir von der Schule weg. Nehmt ihr mich mit zu eurem Zirkus?«

Du wurdest auf einmal ernst, schautest mich zum ersten Male

richtig an und kamst langsam über einige trockene Steine zu mir. Wiederum schautest du mich an. Die Art und Weise, wie du es tatest, gab mir das Gefühl eines fremden, neuen Glücks, des Glücks einer geteilten Freundschaft.

»Du bist mein Freund«, sagtest du stockend, »die anderen interessieren mich nicht. Wenn ich einen mit mir haben möchte, dann wärest du es. Manchmal langweile ich mich im Sommer. Immer nur meine Familie und immer neue Zuschauer.« – Du machtest eine Pause. »Dann darf ich also kommen?« fragte ich. »Und deine Eltern, was meinen die dazu?«

Deine Frage holte mich in eine Wirklichkeit zurück, die ich seit Wochen verdrängt hatte. Nochmals machte ich einen Versuch, meine Phantasie anstelle der äußeren Realität zu setzen, und rief rasch: »Ich frage nicht. Ich komme einfach mit. Nimmst du mich mit?« – »Das geht nicht«, entschiedest du jetzt auf einmal und hobst ebenfalls deine Stimme, »mein Vater würde das nie erlauben. Und deine Eltern würden dich gleich zurückholen. Dann dürften wir nicht mehr Freunde sein.« Mir kamen die Tränen. Das leuchtete mir ein, doch da ich dich so sicher dastehen sah und reden hörte, unterdrückte ich meine Traurigkeit: »Gut, ich bleibe.« Und als du schwiegst, wiederholte ich: »Also, ich bleibe«, und fügte verzweifelt die Frage hinzu: »Doch was machen wir jetzt bloß?«

Langsam gingen wir am Fluß entlang. »Ja, was machen wir bloß? Ich weiß, was wir machen. Aber wir müssen warten, fünf Jahre lang, bis wir sechzehn sind.« Das konnte ich mir nicht vorstellen. Doch allein die Tatsache, daß du mit mir einen gemeinsamen Plan aushecktest, gab mir ein wenig Glück und Zuversicht zurück. »Ich will nicht mein Leben lang mit meinen Eltern im Zirkus spielen«, fuhrst du fort, »aber von Stadt zu Stadt reisen möchte ich schon. Im Zirkus mit meinen Eltern bin ich weniger frei als du. Mit dir zusammen könnte ich frei sein. Ich lerne viel im Zirkus. Zu zweit werden wir in eine große Stadt fahren, sagen wir nach Marseille, und in Lokalen auftreten. Mein Bruder behauptet, das sei möglich und man verdiene viel Geld damit. Ich kann jonglieren und vieles mehr. Du spielst Klavier oder Gitarre, das kannst du doch, und singst dazu. Und wenn wir von Marseille genug haben, fahren wir mit dem Schiff nach New York.«

Nun leuchtete die rote Spur in meinem Leben wieder auf: Solange wir Freunde sind, wird kein Ziel das letzte sein. Wenn wir von einem Ort genug haben, brechen wir die Zelte ab und fahren wieder los. Merkwürdig, wie mir dein Wesen eine Eigenart meines späteren Lebens vorausspiegelte: Sobald mir eine Tätigkeit zur Routine wurde, änderte ich sie. Du bist mir in Fleisch und Blut übergegangen. Doch wahrscheinlich war ich schon ein wenig wie du, bevor wir uns kannten.

Das war unsere zweitletzte Begegnung. Zehn Tage später fuhrst du mit dem Zirkus weg und besuchtest vom folgenden Herbst an die Schule in einer anderen Stadt. Fünf Jahre später traf ich dich zufällig in einem Kino. Euer Zirkus spielte gerade in meiner Stadt, und wie ich hattest du einen freien Nachmittag. Ich setzte mich zu dir. Der amerikanische Film ›Lilly‹ wurde gezeigt. An eine Szene erinnere ich mich noch gut: Lilly geht einsam weinend auf einer langen, schnurgeraden, im Regen glänzenden Straße vom Zirkus weg durch die Nacht. Diesmal konnte ich meine Tränen nicht mehr unterdrücken. Ich sah dich von der Seite an und bemerkte, daß auch du weintest.

Zum Zirkus gehen war mir also nicht vergönnt. Aber ich merkte, daß ich mein Elternhaus verlassen mußte, um dich nicht zu verraten. So äußerte ich den ungewöhnlichen Wunsch, fern meiner Heimatstadt eine andere Schule zu besuchen. Nach einem Zwischenspiel in einem Internat, wo ich nicht glücklich wurde, wechselte ich, angezogen durch die französische Sprache und Lebensart, zu einem Gymnasium in der französischen Schweiz, wo ich die Freiheit fand, die ich zu meiner Entwicklung brauchte.

Hier lebte ich drei Jahre lang bis zur Matur im Klima intensiver Freundschaft. Du warst fast überall, wo ich mich bewegte: in mehreren Mitschülern und in einigen Mädchen, die ich durch diese kennenlernte. Statt den Unterricht zu besuchen, saß ich oft stundenlang im Café und diskutierte über Literatur, Kunst und Film. In dieser Zeit wuchs in mir eine sinnliche Lust am Geistigen. Später, während meines Studiums in Lyon und Paris, führte ich diese Cafégespräche fort und verdanke ihnen Anregungen, die bis heute in mir wirken. Während meine Klassenkameraden im Deutschunterricht saßen – als Deutschsprachiger war ich davon dispensiert –, schrieb ich in dreitausend Versen ein schwärmerisches Epos mit dem Titel ›Der Fels im Meere‹. Es ging verloren, als mein Elternhaus nach dem Tod des Vaters in meiner Abwesenheit geräumt wurde.

Mit einem Klassenkameraden verwickelte ich mich in endlose Streitgespräche. Weil wir uns dabei bis zur Verzweiflung aufregten und auf die Nerven gingen, betrachtete ich ihn nicht als Freund. Heute weiß ich, daß du auch in ihm verborgen warst. Wir schlossen eine Wette ab, daß derjenige von uns beiden, der als erster ein Buch veröffentlichen würde, dem anderen eine Kiste Wein schenken würde. Zehn Jahre später trafen wir uns zufällig in einem Saal in Paris wieder, wo neue Buchveröffentlichungen vorgestellt wurden. Wir saßen uns gegenüber, jeder vor einem Tischchen mit seinem Bucherstling.

Davon will ich nicht weitererzählen, denn dich hatte ich in diesem Freund noch nicht entdeckt. In einem anderen jedoch fand ich dich sofort wieder. In der Beziehung zu ihm lernte ich, daß Freundschaft zu einem Menschen nicht nur diesen meint, sondern auch sein soziales Umfeld: das Zusammenspiel der Umstände, in denen er lebt. Zu dir gehörten deine Mutter und deine Schwester. Ich weiß nicht, ob ich ohne diese beiden mein Freund geworden wärest.

Dich und mich zog es nicht in Cafés, sondern an den Strom, der hier noch nicht breit und träge floß, sondern sein milchig blaues Gletscherwasser kräftig rauschend durch das Tal rollte. Es war der größte Fluß, den ich bisher kennengelernt hatte. Wenn wir ihn entlang auf dem Uferweg wanderten, hattest du in deinem Gang etwas ziellos Drängendes und Unbeholfenes, das mich berührte. Überhaupt war dein Körper bei aller Intensität seltsam unbestimmt und unklar, so daß ich mich heute kaum mehr an dein Äußeres erinnere. Einmal nahmst du während eines bewegten Gesprächs meine Hand und hieltest sie eine Zeitlang fest. Als ich merkte, wie feucht deine Hand war, bekam ich Herzklopfen. Ich zwang mich, dir die meine nicht zu entziehen, und wurde auf einmal ruhig und glücklich.

Wie unscharf ich auch deinen Körper wahrnahm, so deutlich erschien mir dein Kopf. Er war großzügig aus einem einzigen Guß, mit einer langen, geraden Nase, die harmonisch die Linie der hohen und breiten Stirn fortsetzte, mit wachen warmen, aufrichtig glänzenden Augen, die an allem Anteil nahmen.

Das altertümliche Wort Edelmut fällt mir bei der Erinnerung an deine Augen ein. Ich gestehe, daß ich mich an den Inhalt keines unserer zahlreichen Gespräche am Strom erinnere, obschon ich sie damals als die bedeutsamsten erlebte. Ich glaube, daß mich deine

Gegenwart beflügelte, eine Geschichte nach der anderen zu erzählen. Ich muß mehr gesprochen haben als du. Du hattest eine Art zuzuhören, die mir das Gefühl gab, daß du es warst, der mir meine tiefsten Gedanken mitteilte. In deinen Augen las ich Antworten, die dein Mund nicht gab.

Unsere Schule führte damals ein Theaterstück über Stockalper, einen Walliser Staatsmann zur Zeit der Söldner, auf. Ich spielte einen Mönch, der Stockalper folgenden Satz entgegenzuschleudern hatte: »Il valait mieux te laisser choir dans le Rhône«, prosaisch übersetzt: »Du hättest dich besser in der Rhône ertränkt.« Während ich mit dir den Strom entlangwanderte, kam mir oft dieser Satz in den Sinn. Undeutlich verband ich schon damals strömendes Wasser mit dem herandrängenden und entfliehenden Lebensfluß, mit der todwärts ablaufenden Zeit, mit Schicksal und Vergänglichkeit. Ohne daß ich es hätte ausdrücken können, gab mir der unaufhaltsam dem Gesetz der Schwerkraft folgende Strom ein Gefühl für das in sich selber schwerelose Leben. Schwerelos gingen wir zusammen zum Tod. Eine inhaltslose Innigkeit verband uns. Deine Sanftmut machte mich auf glückliche Weise traurig. Du warst nachgiebig, wie das fließende Wasser. Sogar deine Begeisterung hatte etwas Jenseitiges, nicht Einlösbares an sich.

Regelmäßig ludest du mich zu dir nach Hause ein. Dein Vater war vor einigen Jahren gestorben. Zuerst lernte ich deine Mutter kennen. Sie war ebenso herzlich wie du, dabei lebhaft und mit beiden Füßen auf dem Boden stehend. Als ich sie sah, als ich euch beide zusammen sah, entbrannte ich vor Sehnsucht nach eurem gemeinsamen Glück. Da ich es selber nie erlebt hatte, wurde mir deine Freundschaft zum Kostbarsten auf der Welt, zur Verheißung auf etwas doch noch Mögliches. »Ihr beide, nehmt mich ein Stück mit, ich brauche das!« hätte ich euch am liebsten zugerufen.

Manchmal lud mich deine Mutter zum Essen ein. Wenn ich dein Freund war, so war ich auch ihr Sohn. In der Begegnung mit dir gehörte beides untrennbar zusammen. Leidenschaftlich schaute ich eurem Leben zu, wie um etwas noch nie Dagewesenes in mir zur Geburt zu bringen. Deine Mutter mochte mich gerne. Das war der Beweis, daß mich eine Mutter mögen konnte. Zwischen euch beiden bestand ein grundsätzliches Einverständnis, das alles einfach machte. Meinungsverschiedenheiten wurden nicht durch unpassende Bedeutungen überhöht und verfälscht. Sie wurden besprochen und behoben, und an eurer Liebe änderte sich nichts.

Noch heute überkommt mich ein Gefühl von Dankbarkeit, wenn ich mich daran erinnere, wie ihr euch anschautet und miteinander redetet. Der klare und aufrichtige Ausdruck deiner Augen mußte mit deiner Beziehung zur Mutter zu tun haben. Mit dir zusammen wurde ich ein wenig wie du. Dein Lebensstrom trug mich regelmäßig eine Zeitlang mit sich. War ich dann wieder alleine, fühlte ich mich nach einigen Tagen aus dem Paradies verstoßen. Manchmal gelang es mir, dich über längere Zeit in mir am Leben zu erhalten. Dann war ich ganz ich selber: glücklich oder unglücklich, wie es den Umständen entsprach. Mein Leben wurde deinem gleich: ein klarer Fluß – und ich hatte das Gefühl, von einer langen Krankheit zu genesen.

Bald stelltest du mir auch deine jüngere Schwester vor. Ich erschrak über eure große Ähnlichkeit. Wenn ich ihr in die Augen schaute, ruhte in ihrem Blick deiner auf mir. Weil ihr Wesen dem deinen so nahe war, empfand ich keine Angst vor ihr. Ich verlor mich in Phantasien über deine Schwester, malte mir ihren Körper aus, der mir im Gegensatz zu deinem in allen Schattierungen gegenwärtig war, die langen schlanken Beine, die zartschwellenden Brüste und die runde Mulde zwischen Hals und Schulter. Im Geldbeutel trug ich ein Foto von euch dreien, das du mir geschenkt hattest. Wenn ich deine Schwester sah, sah ich dich, aber mit der Hoffnung auf eine mögliche Liebe. Weder sie noch du wußtet um meine Verliebtheit. Um deine Schwester lieben zu können, mußte ich euch beiden diese Liebe verheimlichen.

Viel später gab es eine Zeit, da meinte ich, du seiest gestorben und der Fluß habe den Fluß aufgefressen wie Kronos seine Kinder. Das Leben lief mir davon wie am Schnürchen. Was immer ich anpackte, lief rund, das heißt im Kreise herum. Du warst verschollen, und ich vergaß meine Liebe zu dir, so daß ich mir kein anderes Dasein mehr vorstellen konnte, als eben dieses Danichtsein. Ich nannte meine Freundschaft zu dir Jugend und ihren Tod Realität. Mit meiner Gesundheit ging es bergab, und ich hieß es Vererbung. In meinem Beruf hatte ich Erfolg; das fand ich in Ordnung. Zwar bedauerte ich, daß ich keine Zeit mehr hatte, Musik zu hören und mit Menschen absichtslos zu plaudern, und ich beteuerte, das alles müsse sich ändern, aber nicht gleich. Ich stellte mich darauf ein, daß einer ausgedrückten Zitrone nur noch mit Gewalt einige

Tropfen abzupressen sind, und strengte mich in allem, was ich unternahm, übermäßig an. Arbeit und Beziehungen wurden mir zur Plackerei. Eine Freundin hielt mir einmal entgegen, ich warte nur noch auf die klärende Katastrophe, doch sei es unklar, ob es nach dieser noch etwas zu klären gebe. Ich war blind, weil ich nicht erkannte, daß du zu mir sprachst.

Doch dann erschienst du mir im Traum. Ein Lichtschein umgab dich, und daran erkannte ich dich zum ersten Mal seit vielen Jahren wieder. Du standest an meinem Grab: eine hohe Gestalt mit schlohweißem Haar und hellblauen, unbestechlich klaren Augen, ein alter Mann ähnlich dem französischen Professor, der mich während meiner theologischen Doktorarbeit zu kompromißloser geistiger Disziplin und Wahrhaftigkeit angeleitet hatte. Du zeigtest auf meinen Grabstein, auf dem mein Name, das Datum des Tages und der kurze Satz standen: »Er starb am Tod.« Ich sah mich im Grabe liegen und beobachtete gleichzeitig die Szene von außen. Da wandeltest du dich in einen indischen Yogi, der auf meinem Grab im Lotussitz meditierte. Noch immer waren deine Züge die meines Doktorvaters.

In dessen Gestalt standest du auch nach dem Erwachen vor meinem inneren Auge. Wie hatte ich dich nur vergessen können! Zum ersten Mal war ich dir in Rom, wo du als Konzilstheologe weiltest, zufällig auf der Straße begegnet, erkannte dich von Fotos her und sprach dich an. Als ich sogleich meinen Wunsch äußerte, unter deiner Leitung meine Dissertation zu schreiben, schautest du mich mit forschender Sympathie durchdringend und zugleich belustigt an und ludst mich zu einem Gespräch. Das war der Anfang einer mehrjährigen Freundschaft; heute wage ich es, unsere Beziehung so zu nennen. Du zeigtest deine Zuneigung in Forderungen, die an die Grenzen meiner Fähigkeiten gingen. Wie verzweifelt war ich, daß ich die ersten Kapitel meiner Arbeit dreimal schreiben mußte, um dich nicht zu verlieren. Aber wenn dann dein starker Blick in mich eindrang, schwoll meine Energie an, und ich wußte, daß du recht hattest. Nachdem die Arbeit abgeschlossen war, unternahmen wir in meinem kleinen Fiat 500 eine mehrtägige Reise zusammen. Meine Liebe zu dir kerbte alle Gespräche, die wir dabei führten, für immer in mich ein. Du warst der väterliche Freund, dessen ich in diesen Jahren am meisten bedurfte. – Als ich mich einige Jahre später in einer verzweifelten Lage befand, unternahmst du die weite Reise, um mich deiner Freundschaft zu versichern. Entgegen meinen Befürchtungen war deine Zuneigung zu mir nicht an feste Vorstellungen von mir gebunden.

Und dann vergaß ich dich. Mein Leben nahm eine neue Richtung. Ich verfolgte sie mit der Ausschließlichkeit eines noch Unsicheren, der es sich nicht leisten kann zurückzuschauen. Meinen Doktorvater vergaß ich nicht, aber dich in ihm. Seither entbehrte mein Leben in mancherlei Hinsicht des Sinns und der Orientierung, und mir scheint, daß mein jahrelanges Sterben damit zu tun hatte.

Die Figur des auf meinem Grabe meditierenden Yogi ging mir nicht mehr aus dem Sinn. Trotzdem änderte sich an meinem äußeren Leben in den folgenden Monaten nichts. Später realisierte ich, daß du in dieser Zeit untergründig bereits daran warst, mir eine neue Ordnung zu geben. Eines Tages entschloß ich mich, nach Indien zu reisen, und flog nach Benares am heiligen Strom.

Dort wurde gerade das Holi-Holi-Fest gefeiert. Die Straßen und Plätze bei den zahllosen Tempeln, die in der einbrechenden Dunkelheit einer zügellos wuchernden Urwaldvegetation aus Stein glichen, barsten fast vor Menschen, deren Münder vom roten Speichelsaft der Betelnuß überliefen. Lachend und gestikulierend hüpften sie herum und bespritzten sich aus kleinen Beuteln mit grellen, flüssigen Farben. Ich war gewarnt worden und trug alte Kleider. An diesem Fest legten die Inder ihre gewohnte Zurückhaltung offensichtlich ab. Unversehens geriet ich in ein Gedränge, das mir jede Freiheit nahm, meinen Weg selber zu wählen. Jemand schob mir ein Stück Betelnuß in den Mund, und ich begann automatisch zu kauen, wie ich es einmal bei Affen mit Kaugummi im Maul beobachtet hatte. Mir wurde wirr und schwindelig im Kopf. Ich war mir unsicher, ob ich jetzt träumte oder vor einigen Stunden geträumt hatte, als ich noch im Flugzeug saß. Frauen und Männer stießen und betasteten mich neugierig. Ich wußte weder ein noch aus. Die Betelnuß begann mich anzuregen. Ich lachte und redete auf die Menschen ein, die mich von vorne, hinten, links und rechts, oben und unten berührten. Wilde Gespräche führten wir und merkten gar nicht mehr, daß wir andere Sprachen redeten, denn wir verstanden jedes Wort voneinander, und sogar das, was nicht ausgesprochen wurde und in der Luft lag. Die Verschwisterung weichte mich aber so sehr auf, daß ich meinte, keine Knochen mehr zu haben. Vergebens wünschte ich mir den Turm von Babel herbei: die Trennung der Sprachen, Kulturen und Menschen. Das indische Pfingstwunder brachte mich um meine Identität.

Auf einmal wurde mir übel, und zwar vollständig und in allen Zellen meines Organismus. Anfänglich hatte ich die Lockerung meiner Person als vergnüglich erlebt, nun aber wurde sie zur höllischen Zerreißprobe. Die breite Straße führte leicht abwärts in Richtung des heiligen Flusses. Weiterhin wurde ich mitgestoßen, -geschoben, -gedrängt. Doch jetzt fühlte ich mich als ein durch Einknetung in die Menge zum Tode Verurteilter. Mit Panik nahm ich am Spektakel meiner Auflösung teil. Die Übelkeit ließ mich erbrechen, und auch den Durchfall konnte ich nicht mehr zurückhalten. Niemand schien sich daran zu stören. Die Verschwisterung hatte einen Grad erreicht, wo sie sich sogar auf die Exkremente ausdehnte. Ich aber fühlte mich auf der Grenze, jenseits derer ein leerer Abgrund gähnte.

Unvermittelt wurde es ruhig und klar in mir. Ich realisierte, daß ich mich ins Todesurteil ergeben hatte. Die Bewegungen um mich herum und in mir selber waren jetzt von einer selbstverständlichen Harmonie. Ich fühlte mich wie ein Todkranker, dessen Seele in dem Augenblick gesundet, da er gegen sein Leiden nicht mehr ankämpft, sondern mit ihm eins wird. Die Menschenmenge war verschwunden. Alleine lag ich auf einer Steinstufe wenige Meter vom heiligen Strom entfernt, wo tagsüber die Toten verbrannt wurden. Aasgeier suchten trotz der Dunkelheit im Wasser nach nicht ganz verbrannten Leichenteilen, die mit der Asche von den Angehörigen der Verstorbenen in den Fluß geworfen worden waren, um für diese eine gute Wiedergeburt zu erlangen. Ich nahm zur Kenntnis, daß auch ich hier sterben mußte, und wartete, wie die greisen Inder, die zum Sterben hierher pilgerten. Keine Spur von Protest, Angst und Panik blieb in mir zurück. Fragen waren keine mehr zu stellen. Im Tod, der bereits geschah, war die auf den Tod hindrängende Zeit inexistent. Die Welt war weltlos weit.

Da sah ich dich im Lotus dicht am Ganges sitzen: den Yogi und Professor aus meinem Traum. Du drehtest mir den Rücken zu. Um deine Gestalt lag goldener Glanz. Uralt warst du, viel älter als in meinem Traum. »Hole Holz und mache Feuer!« befahlst du mir, ohne dich umzudrehen, im gleichen selbstverständlichen Ton wie damals, als du mir sagtest: »Schreibe dieses Kapitel neu!« Ich ging die Treppenstufen hoch und fand oben unter den Bogen einen schlafenden Mann vor einem Scheiterhaufen. Ich weckte und bat ihn: »Verkaufe mir dein Holz!« Er willigte ein, und ich gab ihm alles Geld, das ich bei mir trug, nahm das Holz und ging zur

Treppenstufe, wo ich vorhin gesessen hatte, um hier das Holz in Brand zu stecken. Immer noch mit dem Gesicht zum heiligen Fluß, von mir abgewandt, befahlst du: »Näher! Bring das Holz näher!« Ich zögerte, wollte ich doch mit dem Holz meinen Leichnam verbrennen. Ich fragte: »Soll denn der Scheiterhaufen nicht hier brennen, wo mein Platz ist?« Du gabst keine Antwort. So nahm ich das Holz und trug es zu dir. Bei dir angekommen, stellte ich fest, daß du wie ein trockenes Stück Holz tot warst. Ich steckte den Scheiterhaufen in Brand und legte deinen Leichnam darauf. Nachdem alles verbrannt war, sammelte ich die Asche und warf sie in den heiligen Strom. Dann brach ich auf. Im Gehen schaute ich an meinem Körper herunter und bemerkte ohne Verwunderung, daß er sich in den des alten Yogi am Fluß verwandelt hatte. Bei meinem Hotel angekommen, befand ich mich wieder in meinem alten Körper, doch wußte ich nun, daß du in mir weiterlebtest.

DRITTER KREIS

Über die Klinge

Mit dir sei alles in Ordnung, bildete ich mir in flauen Zeiten gerne ein, du seist mein Vordermann, und mir bliebe die Nachfolge, dein Licht leuchte meiner Finsternis, und deine Freundschaft komme aus einem mir unbegreiflichen Erbarmen, meine Bedürftigkeit reize deinen Reichtum, sich mir zuzuwenden. In kindlicher Verantwortungslosigkeit wollte ich dich stark und mich schwach. Ich sträubte mich gegen die Herausforderung deiner Schwäche, und doch zogen mich dein Zwielicht und deine Fragwürdigkeit oft in ihren Bann. Heute ahne ich, daß der Punkt unserer Begegnung die Dämmerung ist, wenn Tag und Nacht leicht werden und sich verbünden.

Du kamst aus einer Stadt, die fünfzig Kilometer von meiner entfernt lag. Deine Eltern hatten für dich ein Zimmer bei Bauersleuten gemietet, nur fünf Minuten von meinem Elternhaus entfernt. Eigentlich mochte ich dich nicht. Schicksale stießen mich ab, solange sie den Lebenswillen schwächten. Ich war dreizehn, du sechzehn Jahre alt, doch trennten uns Jahrhunderte. Warum warst du trotzdem mein Freund? Warum suchte ich ab und zu deine Nähe und ging manchmal den Schulweg mit dir?

Morbide Neugierde trieb mich zu dir. Du erzähltest mir haarsträubende Geschichten über das Leben deiner geschiedenen Eltern und über düstere Leidenschaften in deinem eigenen Leben. Mit einer Mischung von Widerwillen und Anziehung suchte ich dich wie den Tatort eigener Verbrechen. Ich hatte eine Nase für dich. Dein Geruch ekelte mich an. Viel später lernte ich, den gleichen Körpergeruch zu identifizieren. Es war der Geruch im Umkreis des Todes, der Geruch von Depression und Todesangst.

Du unterhieltest eine Liebesbeziehung zu einer um fünfzehn Jahre älteren Frau und stürztest dich in deine Leidenschaft wie ein in Panik geratener Soldat in den feindlichen Kugelhagel. Deine Eltern wollten dich von deiner Geliebten entfernen, daher veranlaßten sie den Wechsel von Stadt und Schule. Doch du fuhrst oft abends mit der Eisenbahn zu ihr und am nächsten Morgen mit dem ersten Zug zurück. Sie zahlte deine Fahrkarte. Mit fiebrigen Augen im übernächtigten, von Verzweiflungsschweiß ungesund glänzenden Gesicht tauchtest du dann wie ein Gespenst in der Schule auf. In den Pausen sah ich dich auf einer Bank sitzen und vor dich hin starren. Ich schnupperte um dich herum und setzte mich zu dir. Niemandem außer mir erzähltest du deine nächtlichen Erlebnisse. Ich stellte mir das schwül duftende Zimmer deiner Geliebten vor und das Bett, in dem ihr euch wälztet. An einem Vormittag wartete ich vergebens auf dich. Erst in der letzten Pause am Nachmittag betratest du die Schule. Jetzt saßest du da, nach vorne gebückt und mit an die Brust gepreßten Armen und zittertest am ganzen Leib. Als du mich erblicktest, hobst du ein wenig den Kopf und flüstertest: »Mir ist schlecht, ich gehe nach Hause.« – »Ich begleite dich«, gab ich zurück.

Auf dem Heimweg tapptest du stumm und mit eckigen Bewegungen neben mir her. Modriger Gestank strömte wie Gift von dir aus. Ich bekam es mit der Angst zu tun und bestürmte dich, mir endlich mitzuteilen, was denn los sei. Du schütteltest bloß den Kopf, wie um mir zu beteuern, nun sei doch alles sinnlos geworden. Ich bedrängte dich: »Laß uns zusammen sehen, was sich machen läßt!« Wie ein Roboter gingst du weiter.

Bei der Straßenkreuzung, wo unsere Wege sich trennten, hobst du müde die Hand zum Abschied. Ich aber ließ mich nicht abwimmeln: »Ich gehe nicht von dir weg, solange du mir nicht mitteilst, was los ist.« Nun wurdest du unwillig: »Nein, geh nach Hause, ich will alleine sein.« Ich spürte trotzige Auflehnung und fuhr dich an: »Mich kriegst du nicht los. Ich begleite dich.« Und weiter gingen wir stumm nebeneinander, bis wir vor dem Haus, in dem du wohntest, ankamen. »Sagst du mir jetzt, was los ist?« beharrte ich. »Ich sage nichts, außer, daß ich mich umbringe«, antwortetest du. Diese Worte gingen weiter als mein Vorstellungsvermögen und versetzten mich in eine nie gekannte, grauenvolle Angst. »Das lasse ich nicht zu. Wir gehen jetzt zu dir hinein.« »Laß mich endlich in Ruhe«, gabst du wütend zurück und fielst gleich wieder in die lethargische Kraftlosigkeit. Ich ging durch die Haustüre voran, stieg die Treppe zum ersten Stock hoch und betrat dein Zimmer. Du kamst hinter mir her.

»Jetzt sage ich dir, was los war, aber nur, damit du endlich abhaust«, stießest du hervor. Und dann erklärtest du ohne Gefühl und Ton den Grund für deine Verzweiflung. Du hattest dich früh um sechs Uhr auf dem Bahnhof in deiner Heimatstadt von deiner Geliebten verabschiedet, als plötzlich dein Vater auftauchte, die Frau mit Gewalt von dir wegzerrte und dich in ihrer Gegenwart ohrfeigte. Du ranntest fort, irrtest stundenlang durch die Stadt und fuhrst schließlich im Zug hierher, um dich umzubringen. Darauf konnte ich kein Wort sagen. Ich war unfähig, Argumente vorzubringen, die gegen deinen Selbstmord sprachen. Nur eines wußte ich, daß ich diesen nicht zulassen würde.

»Und jetzt verschwindest du«, befahlst du mir. Ich konnte weder sagen, daß ich bleibe, noch daß ich nicht bleibe. Ich blieb einfach. Je länger ich blieb, desto mehr beschlich mich eine abgründige Lähmung. Ich vermochte nichts mehr zu denken und mich nicht mehr zu bewegen. Dein Selbstmord wurde mir zum Unausweichlichsten in der Welt. Mit keinem Gedanken konnte ich mich mehr von deiner Absicht unterscheiden. Schwach machte ich mir den Vorwurf: »Ich sollte doch helfen.« Aber der Todessog, der von dir auf mich ausging, war stärker. Selbst heute weiß ich noch nicht, ob ich wegen der Lähmung, die uns in einer tödlichen Schicksalsgemeinschaft verband, sitzen blieb oder weil ich dich immer noch vom Selbstmord abhalten wollte.

Stunden verstrichen. Beide waren wir unfähig, uns zu regen. Flüchtig dachte ich an die Szene, die mir von meiner Mutter wegen der Verspätung bevorstand. Bei diesem Gedanken stieg Stolz in mir hoch: »Nur ich kann entscheiden, was in dieser Situation richtig oder falsch ist.« Diese Empfindung durchbrach meine Lähmung, und ich konnte wieder klar denken. Entschieden wandte ich mich dir zu: »Ich gehe nicht eher von dir weg, bis du mir versprichst, daß du dich bis morgen früh, wenn ich dich zur Schule abhole, nicht umbringst.« – »Das verspreche ich dir nicht«, antwortetest du mir. Das kurze Zwiegespräch hatte mir meine ganze Energie zurückgegeben, und ich war fest entschlossen zu bleiben, bis ich von dir das Versprechen erhalten würde. Du mußt meine Unnachgiebigkeit gespürt haben. Dein zerstörerischer Impuls schien etwas nachzulassen.

Nachdem eine weitere Stunde vergangen war, wurde mir die Zeit lange, und ich war trotz meines Entschlusses versucht, dich zu verlassen, auch ohne das Versprechen von dir erhalten zu haben. Jetzt mußte ich meinen ganzen Willen aufbringen, um zu bleiben. Auf einmal stießest du hervor: »Ich verspreche es dir.« Ich nahm deine Hand und drückte sie. Im nächsten Augenblick war ich auf der Straße und rannte durch die Nacht nach Hause, ohne zu wissen, daß auch ich soeben über eine Klinge gesprungen war.

Der Abschied von dir an diesem Oktoberabend mißlang. Verzweifelt warst du, wie ich dich in den fünfzehn Jahren unserer Freundschaft noch nie erlebt hatte. Weit waren wir heute durch das Hügelland gewandert, hatten bei Bauern frischgepreßten Most getrunken und wenig gesprochen. Zurück in deinem Haus stürztest du ein Glas Wein nach dem andern herunter, bis du apathisch dasaßest und im unheilvollen Ton, den ich nicht ausstehen konnte, konfus andeutetest, wir würden uns nie mehr wiedersehen.

Vor einer Woche war deine dritte Ehe endgültig zerbrochen. Wie die beiden ersten Männer hatte sich auch der dritte vor dir in die Arme einer Geliebten geflüchtet, und du fragtest dich, ob du Aussatz oder sonst eine abstoßende Krankheit habest, die jeden Partner nach wenigen Jahren in die Flucht schlug. Was nützte es dir zu begreifen, daß du, eine starke, vitale Frau, mutterbedürftige Männer gewählt hattest, die ihre Männlichkeit schließlich nur in der Abkehr von dir unter Beweis stellen konnten? »Obwohl ich die Zusammenhänge kenne, würden mich auch in Zukunft nur solche Männer anziehen; und es hat keinen Sinn mehr«, wiederholtest du. An diesem Tag fehlte mir die Liebe, die dir allein hätte Zuversicht und Lebenssinn vermitteln können. Je mehr ich mich anstrengte, desto mehr steigerte sich mein Unvermögen zur Freundschaft, deren du gerade jetzt bedurftest. Der Gedanke, daß ich im nächsten Monat das Gespräch mit dir nicht weiterführen konnte, steigerte meine Ohnmacht. Morgen würde ich für eine Reihe von Vorträgen in die USA fliegen.

Während der kommenden drei Wochen reiste ich von Stadt zu Stadt. Dann flog ich nach Mexiko, um hier eine Woche Urlaub zu verbringen. Im Bus fuhr ich in das Innere des Landes und gelangte in eine alte spanische Goldgräberstadt. Die vielen schnellen Kontakte während meiner Vortragsreise wichen der Stimmung einer empfänglichen Innerlichkeit. Auf einmal fühlte ich mich dir wieder ganz nahe, als würde ich aus einer lauten Diskothek in die ruhige Nacht hinaustreten, in der du mich erwartetest. Je länger ich durch die kaum beleuchtete, nächtliche Stadt irrte, desto angstvoller wurde mir zumute. Ich betrat eine Kirche. Eine einzige Kerze brannte vor der Holzskulptur der Schmerzensmutter. Im flackernden Schein belebte sich deren dunkles Gesicht. Mich schauderte: Dein Gesicht blickte mich in hoffnungslosem Leid an. Verzweiflung zermarterte deine Züge. Den Sohngeliebten mit den Wundmalen und Striemen trugst du tot in deinem Schoß. Endlich begegnete ich dir wieder.

In der folgenden Nacht träumte ich von dir. Zu einem großen Fest ludest du alle deine Freunde in dein Haus. Dabei hieltest du eine Rede: »Das ist mein Abschiedsfest. Für immer verlasse ich euch. Ich gehe in den Wald und komme nicht mehr zurück.« Die Geladenen, zu denen auch ich gehörte, wußten um die Unumstößlichkeit deiner Worte. Traurig ließen wir dich gehen. In der nächsten Sequenz meines Traums lagst du tot in einem hellen und freundlichen Raum mit vielen Frühlingsblumen. Deine von Leid zerfurchten Züge waren die der Schmerzensmutter aus der Kirche. Dein nackter Leib trug die Wundmale des Sohnes. Außerdem liefen drei lange, horizontale Striemen über deine Brüste.

Dieser Traum versetzte mich in entsetzliche Angst. Vergeblich versuchte ich, dich telefonisch zu erreichen. In der Qual der Befürchtung, du habest dich umgebracht, verbrachte ich drei Tage. Wie nie mehr in den letzten Jahren fühlte ich mich dir nahe. Deine großen, umschleierten Augen sah ich, deine singende Stimme, die alle Sätze wie mit einem Fragezeichen enden ließ, hörte ich, deine langen, feinen Hände spürte ich in den meinen. Es war, als wäre ich wieder aufgewacht zu dir hin. Meine Qual steigerte sich, bis ich an meinem eigenen Körper da Schmerzen empfand, wo ich an deinem im Traum die Striemen erblickt hatte, nämlich quer durch meine Brust. Nun fragte ich mich ängstlich, ob der Traum einen Hinweis auf die Krankheit enthielt, die mich vier Jahre zuvor an den Rand des Todes gebracht hatte. War sie daran, neu auszubrechen? Würde meine Aorta zum zweiten Male reißen? Zugleich mit meinen Befürchtungen ahnte ich, daß es im Traum weder um dich noch um mich, sondern um etwas ging, das sich zwischen uns beiden abspielte.

Endlich vernahm ich deine Stimme durchs Telefon. Sie klang warm und lebendig. Eine Last fiel von mir ab. Ich beschloß, einige zusätzliche Tage zur Erholung ans Meer zu fahren. Ein beliebter Badeort war am leichtesten zu erreichen, denn noch fehlte mir der Schwung, einen ruhigeren Ort zu suchen. Im Hotelzimmer versuchte ich, meine Gedanken auf dem Papier zu ordnen. Nach wenigen Zeilen versagte meine kleine Reiseschreibmaschine. Ich schrieb von Hand weiter. Bald packte mich eine Erkältung. Ich führte sie auf die Air-condition im Hotel zurück. Ich legte mich zu Bett und ließ das Essen aufs Zimmer kommen. An einem Hühnerknöchelchen biß ich mir eine Plombe aus. Zur Erkältung kam nun noch das Zahnweh. Ich riß mich zusammen, fand die unglücklichen Zufälle zum Lachen und ging am Strand spazieren. Als ich ins Hotel zurückkehrte, war meine Uhr gestohlen.

In diesem Augenblick sah ich einen kurzen inneren Film: Ein Boot riß sich vom Ufer los und trieb aufs Meer hinaus. – Ein Stimmungswechsel fand in mir statt. Das bisherige Gefühl von Ohnmacht vermischte sich mit dem neuen Gefühl von Freiheit. Durch diese Verbindung wandelte sich meine Ohnmacht von einer ärgerlichen zu einer natürlichen Tatsache, über die es sich nicht lohnte nachzudenken. Hatte ich mich bisher gegen dich – gegen deine und meine Verzweiflung gesträubt, so fuhr mein Schiff jetzt mit Wind und Strömung. Ein Zustand der Schwerelosigkeit bemächtigte sich meiner. Prickelnde Gleichgültigkeit und abenteuerliche Beliebigkeit breiteten sich in mir aus. Mochte die Schreibmaschine kaputt, der Hals erkältet, die Plombe ausgebissen, die Uhr gestohlen sein, ich war vom Plunder frei. Heitere Anarchie beseelte mich. Auch die Krankheitsbefürchtungen von vorhin waren weggeblasen: mochte das Schiff früher oder später, an diesem oder jenem Ufer kentern. Dann packte ich meinen Rucksack und fuhr mit dem Bus nordwärts zu einem unbedeutenden Dorf am Meer. Doch hier hatte ich keine Lust zu bleiben. So stapfte ich durch den Sand am Meer entlang, nicht wissend, wohin ich ging. Es wurde Nacht, aber ich ging weiter, viele Stunden lang. Der Vollmond kitzelte die Wellen, die schaudernd in seinem Licht dahinhuschten. Es mochte schon Mitternacht sein, als ich unter fernen Palmen einige flackernde Lichter erspähte. Rascher, als ich zunächst vermutet hatte, gelangte ich in ein kleines Dorf nahe beim Strand. Die Hütten gruppierten sich locker in mehreren Kreisen auf einem Platz, in dessen Mitte ein Feuer brannte. Keinen Menschen erblickte ich außer einem halbgelähmten Mann. Dieser kroch mühselig zu einem Holzstapel am Rande des Dorfes, packte umständlich einige Scheiter, und kroch mit ihnen zum Feuer. Kaum hatte er das Holz ins Feuer geworfen, kroch er wieder weg und holte neues Holz. Erstaunt schaute ich aus der Ferne seinem jämmerlichen Hin und Her zu. Warum verrichtete nicht ein anderer, gesunder Mann diese Arbeit? Da sah er mich, lächelte freundlich und machte mir ein Zeichen, näher zu kommen. Er bot mir an, in der Nähe des Feuers zu schlafen, und brachte mir eine feste Strohmatte. Auf einmal realisierte ich, wie müde ich war, legte mich hin und schlief sofort ein.

Als ich am nächsten Morgen erwachte, herrschte bereits reges Treiben um mich herum. Das ganze Dorf war in Bewegung und drehte sich wie ein verrückter Kreisel, dessen unbewegliche Mitte ich und das Feuer bildeten. Kurz schloß ich wieder die Augen, um mich daran zu erinnern, wie ich gestern nacht hierher gelangt war. Dann richtete ich mich auf. Eine Frau bot mir ein Fladenbrot an, das auf ihren nach vorne gestreckten Armen lag. Ihre ungewöhnliche Art, mir das Brot zu reichen, verwunderte mich. Bei näherem Hinschauen bemerkte ich, daß sie keine Hände hatte und die Botengänge so verrichtete, daß sie die Lasten auf ihren gestreckten Armstümpfen trug. Wiederum fragte ich mich, warum gerade sie dieser Aufgabe nachkam. Wieso brachte mein Brot nicht jemand, der mit gesunden Händen greifen, halten und loslassen konnte?

Doch kam es noch besser. Zur Nahrungsbeschaffung schoß ein Mann ziellos mit einer Schrotflinte in die Luft, wo unzählige Vögel herumschwirrten. Ab und zu fiel einer herunter. Da bemerkte ich, daß die offenen, stumpfen Augen des Mannes ins Leere gerichtet waren. Wie kam es, daß in diesem Dorf gerade ein Blinder nach Vögeln schoß? Inmitten einer Kinderschar stand vor der offenen Tür einer großen Hütte ein Mann, der ihr Lehrer sein mußte. Zunächst erblickte ich ihn nur von hinten. Im Sprechen ruderte er mit seinen Armen wie ein Schlafwandler, und seine Stimme hörte sich rauh und unartikuliert an. Dann wandte er sich mir zu. In seinem harmlosen Gesicht lag ein warmes, freundliches Leuchten. In meinen Regionen würde man einen Menschen wie ihn als Debilen bezeichnen. Doch die Kinder dieses seltsamen Dorfes hörten ihm aufmerksam zu.

Mein Staunen steigerte sich zur inneren Sprachlosigkeit. Am meisten verwunderte mich, daß ich mich unter diesen verrückten Menschen, die gerade solche Tätigkeiten ausübten, zu denen sie am wenigsten geeignet waren, heiter und wohl fühlte. Ja, ich entsinne mich nicht, mich je in einer größeren Ansammlung von Menschen so zufrieden und entspannt gefühlt zu haben. Nach meinen bisherigen Erfahrungen versuchten Menschen, je zahlreicher sie in einer Gruppe waren, sich mit ihren besonderen Fertigkeiten gegenseitig zu übertrumpfen.

Als die Dorfbewohner mich mit offenem Munde wie einen Schwachsinnigen dastehen sahen, hielten sie in ihren Tätigkeiten inne und brachen in unbändiges Gelächter aus, nicht um mich auszulachen, wie ich anfänglich argwöhnte, sondern aus reiner

Freude, daß ich zu ihnen gehörte. Ein Kind brachte mir ein Fischernetz und wies mit der Hand auf die zerrissenen Maschen. Ich machte mich an die Arbeit und hatte nach zwei Stunden erst eine einzige Masche neu geknüpft. Doch das kümmerte mich nicht. Vergnügt sang ich vor mich hin.

Um Mittag fand die tägliche Dorfversammlung statt. Alle setzten sich im Kreis um das Feuer. Ein Blinder eröffnete die Versammlung mit einer Frage, die er an einen Lahmen richtete: »Sag mal, magst du blaue Augen?« Dieser antwortete: »Wenn du blaue Augen hättest, würde ich blaue Augen mögen.« »Und magst du braune Augen?« – »Wenn du braune Augen hättest, würde ich braune Augen mögen.« – »Zum letzten Mal: Magst du blinde Augen?« – »Weil du blind bist, mag ich blinde Augen.« – Darauf fragte der Lahme den Blinden: »Sag mal, magst du starke, behende Beine?« Der Blinde antwortete: »Wenn du starke, behende Beine hättest, würde ich starke, behende Beine mögen.« Der Lahme fragte den Blinden weiter: »Jetzt verrate mir, ob du verkrüppelte Beine magst.« Der Blinde gab zurück: »Weil du verkrüppelte Beine hast, mag ich verkrüppelte Beine.« – »Und wenn ich einmal starke und einmal verkrüppelte Beine hätte?« fragte der Lahme zum dritten Mal. Da lachten alle in der Versammlung, bis ihnen die Tränen kamen, reichten sich die Hände und schüttelten sie im Kreise.

Daß ich diese glückliche kleine Menschheit schon am nächsten Tage verlassen mußte, machte mich nur kurze Zeit traurig. Am nächsten Morgen stand ich vor deiner Haustür. Du trugst ein leuchtend blaues Kleid, und ich sah deinem klaren Gesicht an, daß du den Boden deiner Hoffnungslosigkeit durchstoßen und Freiheit gefunden hattest. Wir setzten uns in deinen kleinen Garten unter die milde, spätherbstliche Sonne, und ich fragte dich, wie es dir in den letzten Wochen seit unserer verfehlten Begegnung ergangen war. Du schautest mich warm und lange an. Dann erzähltest du mir deine Geschichte.

»Nach deinem Abschied wuchs meine Verzweiflung ins Unerträgliche. Ich zerriß mich mit Selbstvorwürfen und haßte meine Unfähigkeit zu einer ganz gewöhnlichen Liebesbeziehung. Ich aß fast nichts mehr und empfand ein ungesundes Vergnügen, von Tag zu Tag mehr abzumagern. In vergleichbaren Situationen nahm ich früher mit Freundinnen und Freunden Kontakt auf, doch diesmal schloß ich mich in mein Haus ein, meldete mich bei meinem Arbeitgeber krank und zog den Telefonstecker heraus.

Eines Abends saß ich in der Küche und wußte, daß mein Leben am Ende war. Schutzlos lieferte ich mich meinen Selbstverwundungen aus. Mehrmals stand ich auf und begab mich ins Schlafzimmer, wo im Nachttischchen drei Schachteln mit Schlaftabletten lagen. Ich nahm sie, wog sie in meinen Händen und legte sie wieder zurück. Dann setzte ich mich wieder an den Küchentisch, bis ich den inneren Schmerz nicht mehr aushielt und erneut zum Nachttischchen mit den Tabletten ging. Plötzlich entschied ich mich, es zu tun. In diesem Augenblick sah ich meine Katze bei der Tür sitzen. Bewegungslos schaute sie mich an. Ihre rechte gebrochene Vorderpfote hielt sie in die Luft. Deine Pfote ist ja gebrochen, dachte es in mir, und plötzlich packte mich unendliches Mitgefühl mit der Katze. Diese fuhr fort, ihre Augen unverwandt auf mich zu richten. Mich ergriff die abgrundtiefste Traurigkeit, die ich je empfunden habe. Tränen brachen aus mir heraus. Laut weinend ließ ich mich zu Boden fallen. ›Du bist da, und ich bin da, und du hast eine gebrochene Pfote, und ich bin da,‹ stieß ich hervor. In diesem Moment war ich gerettet. Mein Unglück ist nicht verschwunden, ebensowenig wie meine Ohnmacht, es zu ändern. Aber ich bin nicht mehr von meinem Schmerz getrennt. Ich will ihn nicht mehr zerstören. Er ist lebendig, und ich bin lebendig.«

So war ich dir nachts in einer mexikanischen Kirche begegnet.

Vierter Kreis

Kain und Abel

Ich kannte dich kaum. Ein Jahr lang trafen wir uns ab und zu. Ich suchte deine Gesellschaft nie, doch wenn du mich fragtest, ob ich mit dir Eisenbahn spielen würde, willigte ich schließlich jedesmal ein. Du warst zwölf: drei Jahre älter als ich. Woher weiß ich, daß du es warst, dem ich in unserer spärlichen Beziehung begegnet bin? Ich spürte die Wirkung, die von dir ausging, und sah deinen Glanz. Doch war es ein gefährlich metallener Glanz. Damals hätte ich dich nie Freund genannt, denn ich schämte mich meiner Anziehung zu dir. Doch heute spreche ich es aus: »Mein Freund« – und hoffe auf Erlösung.

An keinen Freund sind meine Erinnerungen so dürftig, wie an dich. In jedem unserer Kontakte vollzog sich ein Ritual: Ich sah dich kommen, hatte den Impuls zu fliehen und floh nicht. Abgewandt wartete ich auf dich. Du tratst nahe an mich heran und befahlst: »Komm mit!« Ich machte mir vor, das Mitkommen gelte nur für das Stück gemeinsamen Wegs, das wir vor uns hatten, und wußte gleichzeitig, wie unser Zusammensein ablaufen würde. Du stelltest mir einige belanglose Fragen, und ich konnte kaum auf sie antworten. Schon jetzt lähmte mich deine Gegenwart, schon jetzt sogst du mich in eine bedingungslose Unterwerfung ein. Ein Angstkitzel würgte mich. Du zwängtest mich in dein System – in unser System. Vom ersten Moment einer zufälligen Begegnung an gab es kein Entrinnen mehr. Die unausweichliche Folgerichtigkeit unserer kranken Zusammenkünfte hatte etwas großartig Unverrückbares an sich. Du warst der dunkle Gott, den ich mit Angst und Schrecken anbetete. Auch von dir hatte ich kein Bildnis: Jedesmal, wenn ich dich verließ, vergaß ich sofort, wie du aussahst. Nur das modrig süße Gefühl von schicksalshafter Abhängigkeit schwelte in mir fort.

Vor dem Mietshaus, in dem du wohntest, angekommen, tat ich, als wollte ich meinen Weg nach Hause alleine weitergehen. Ich glich einem trotzigen kleinen Buben, der vom Vater wegläuft und doch weiß, daß seine eigenwillige Kraft nur für einige Meter reicht. Und schon riefst du mich wie immer scharf bei meinem Nachnamen. Ich rannte weg, doch holtest du mich mit wenigen Sprüngen ein und versetztest mir einige kurze, knappe Schläge. Du verlangtest mein klares Einverständnis, ein Ja zu meiner Demütigung.

Noch wehrte ich mich, fand hundert Entschuldigungen, du schlugst mich, und ich sagte immer noch nein. Heimlich aber war ich bereits in deinem Zimmer, in deinem Revier, aus dem ich nicht mehr entkommen konnte, und begann, den Verrat an mir selbst zu genießen. Du packtest meinen Arm und drehtest ihn mit Bedacht um, bis ich vor Schmerz schrie. »Kommst du jetzt mit mir?« fragtest du mich drohend. Ich zauderte mit der Antwort, obschon ich bereits entschlossen war, mit dir zu gehen. Ich zögerte, um dem langsamen, unerbittlichen Ablauf unseres Dramas zu genügen. Dann, wir beide kannten den genauen Moment im voraus, sagte ich ja: »Ja, ich komme.« Doch dir genügte meine Antwort noch nicht. Ich mußte lauter sprechen, wie ich es elf Jahre später in der Rekrutenschule tun mußte, als ein Offizier mich anfauchte, lauter, nein noch lauter, Dienstgrad und Namen über den Kasernenplatz zu brüllen. So schrie ich denn in blanker Verzweiflung, daß ich zu dir kommen wolle, und während ich schrie, spürte ich tatsächlich Lust dazu.

In deinem Zimmer spielten wir zunächst mit deiner elektrischen Eisenbahn. Du erteiltest mir Befehle, welche Weiche ich stellen, welchen Wagen ich an- und jetzt abhängen, welches Signal ich bedienen müsse. Das ging ganz ruhig vor sich, doch in uns wuchs etwas Unheimliches: eine böse Spannung, die auf Entladung drängte. Diese hatte Vorboten: plötzliche, unmotivierte Schläge, die du mir erteiltest, unflätige Worte, mit denen du mich demütigtest. Dann war es soweit: Du gabst der Eisenbahn einen zornigen Fußtritt, daß sie mit den Wagen aus der Schiene sprang, und setztest deinen Angriff gleich bei mir fort. Du schlugst, kniffst und würgtest mich, bis ich zitternd auf dem Boden lag, deine Sache, dir gehöre ich, mich auslöschend und teilhaftig deiner Macht.

War es nur der Triumph des Stärkeren und Älteren, mit dem ich verschmolz, weil ich meine eigene Kraft noch wenig spürte? Das war es auch, doch war es mehr. Du warst einsamer als alle Kinder, die ich kannte. Geschwister und Freunde hattest du keine. Beide Eltern arbeiteten den ganzen Tag, und du sahst sie erst am Abend. Deine Sehnsucht, die Einsamkeit um jeden Preis, und sei es mit Gewalt, zu durchbrechen, ergriff mich. Ich diente dir, um zu erleben, wie du dein Gefängnis sprengtest. Mit einem andern hätte ich unser Spiel wohl nicht gespielt. Sicher: Ich hätte mich dir nicht ergeben, wenn nicht ein konfuser Drang mich zu grandioser Selbstaufgabe getrieben hätte. Doch war ich auf unser armseliges Ritual nicht angewiesen. Im Zusammensein mit anderen Kindern vergaß ich es und spielte freiere Spiele.

Es war noch mehr: Wenn du dich grausam an meinem Leib zu schaffen machtest, teilte sich mir eine verzweifelte Liebe mit, wie ich sie noch von keinem anderen Menschen gespürt hatte. Gegen meinen Willen kommt mir heute das Wort Liebe auf die Lippen, wenn ich an dich denke. Auf der starren Schiene unseres Rituals spürte ich tastend und suchend deine Liebe. Freiere Wege waren ihr versperrt. So blieb ihr nur die Grausamkeit.

Unfähig war ich, unser todtrauriges Ritual in Freundschaft zu wandeln. Warum erinnere ich mich heute ganz und gar nicht an dein Äußeres? Ob du groß oder klein, dunkelhaarig oder blond, schön oder häßlich warst? Gefangen in unserem Spiel nahm ich dich nicht wahr. Außer deinen intensiven Augen sah ich nichts von dir, nur mit dem Blick durchbrachst du für kurze Augenblicke deine Einsamkeit. Sonst bliebst du im dunkeln, allein mit deiner Sehnsucht nach Freundschaft.

Zehn Jahre später fielst du mir in einer Jugendgruppe auf, zu der wir beide gehörten: du, ein ruhiger, schöner Mensch, friedlich in dir selber versammelt, freundlich zu mir und anderen, aufmerksam und hilfsbereit, mit regelmäßigen Gesichtszügen, einem harmonischen Gang und sanften Bewegungen. Mit deinen Eltern und drei Geschwistern verstandest du dich gut. Du schienst uns andere nicht zu brauchen und nahmst doch gerne an unseren Spielen, Gesprächen, Wochenenden und Zeltlagern teil. Dem Exzessiven abgeneigt, zogst du dich in sanfte Gleichgültigkeit zurück, wann immer wir dich mit Argumenten bedrängten oder körperlich angriffen, doch verweigertest du dich nicht einem gelegentlichen Streitgespräch oder einer freundschaftlichen Rauferei. Es reizte mich, dich zu stören. Zuerst fielst du mir wenig auf. Dann fielst du mir auf, weil du mir nicht auffielst. So wie du warst, konnte ich dich nicht sein lassen. Du mußtest dich ändern, und ich würde dir dabei helfen. Mehr als andere setzte ich dir zu, attackierte dich unverhältnismäßig heftig, wann immer du den Mund öffnetest, rückte dir bei unseren kleinen Raufereien forsch auf den Leib, um dich aus dem Gleichgewicht zu bringen. Manchmal gelang es mir, deinen Gleichmut zu stören: Dann rötete sich dein Gesicht, und du warfst mir einen unwillig fragenden Blick zu. Deinem eigenen

Gesetz gehorchend, fielst du jedoch bald wieder in dich selber zurück, ein Kamel, das genügsam und nützlich durch die Wüste schaukelte.

Durch dich entdeckte ich in mir das Zeug zum Treiber. So leicht solltest du es nicht haben. Die Welt war schließlich kein Paradies. Wohl oder übel mußte ich deinen Geburtshelfer spielen. Bald merkte ich, daß du eine Neigung entwickeltest, dich mir zu entziehen. Ich war dir zu anstrengend und beunruhigte dich über dein Maß hinaus.

Daß du dich zurückzogst, ging mir gegen den Strich. Meine Taktik paßte ich nun deiner Schwäche an. Auf deine Mängel und meine Vorzüge wies ich dich in einer Weise hin, daß du meine Unentbehrlichkeit für dich zu realisieren begannst. Dein Gesicht bekam einen neuen, leicht unsicheren und gequälten Ausdruck. Du fingst an zu merken, daß du so, wie du warst, nicht bleiben konntest, und daß es gleichzeitig eine Abhilfe für deine Mängel gab, nämlich mich. Nun betrachtetest du mich immer weniger als den Störer deiner Kreise, da du dich selber immer weiter von ihnen entferntest. Du suchtest neue Orientierung außerhalb deiner selbst.

Bis dahin haftete meinem Spiel mit dir noch etwas jugendlich Unverbindliches an. Gelang es mir, dich aus deinem Gleis zu werfen, konnte ich mich anschließend ohne weiteres von dir abwenden und anderen Interessen nachgehen. Mit der Zeit aber schweißte uns beide ein gemeinsamer Zwang zusammen. Meine Gefühle verengten sich auf dich hin. Ich mußte dich umkrempeln. Das war die kranke Evidenz einer notwendigen Aufgabe. Dein unschuldiges Tölpeldasein mußte zerstört werden. Denke ich an jene Zeit mit dir zurück, bemächtigt sich meiner wieder die beklemmende Empfindung eines blinden, bösen Willens. Daß ich dir bloß in deiner Entwicklung beistehen wollte, daran konnte ich in luziden Augenblicken selber nicht mehr glauben. Und diese waren selten. Der trübe Drang, mich deiner belehrend zu bemächtigen, trieb mich wie eine schicksalshafte Berufung. Ich vernachlässigte meine anderen Freundschaften und beschäftigte mich nur noch mit Dingen, von denen ich wollte, daß auch du dich mit ihnen abgabst. Dieses bestimmte Buch mußtest du unbedingt lesen, um deine kleine jämmerliche Welt abzustoßen. So las auch ich es wieder, obschon ich es fast auswendig kannte und lieber andere, neue Bücher aufgeschlagen hätte. – Wie, du hast noch nie Tennis gespielt? Ich werde dich darin unterweisen, obschon mir ein gleich starker Partner besser behagt hätte. – Auf diesen einzigartigen Berggipfel, von dem ich dir doch erzählt habe, bist du tatsächlich noch nie gestiegen? Ich werde dich dahin begleiten, obschon ich eigentlich lieber einen mir noch unbekannten Gipfel erklommen hätte. – Du hältst nichts vom Tanzen? Ich werde dich am Freitagabend mitnehmen, obschon ich mit dem Mädchen, das ich kürzlich kennengelernt habe, eigentlich lieber alleine hingegangen wäre.

Deine Erziehung nahm mich mit Haut und Haar in Beschlag. Ich lebte mit dir wie ein Angreifer mit einer Stadt im Belagerungszustand. Hatte ich den ersten Mauerring bezwungen, trieb es mich bereits zum zweiten. War dieser geschleift, gönnte ich uns keinen Waffenstillstand und kletterte sogleich am dritten hoch. Mein heimliches Anliegen war nicht, daß du dieses Buch lasest oder jenen Berg bestiegst oder Tennis spieltest, sondern, daß du mein Geschöpf wurdest, nichts Eigenes besaßest und mir nichts vorenthieltest.

Hatten mich deine Zufriedenheit, dein geordnetes Leben, deine unproblematischen Familienverhältnisse, deine Genügsamkeit gereizt, weil ich neidisch auf dich war? Wollte ich dir das wegnehmen, dessen ich selber bedurft hätte? Bemühte ich mich, dir näherzukommen, indem ich dich drängte, meine Heimatlosigkeit zu teilen? Oder wollte ich mich selber zwingen, mein Leben, gegen das ich doch revoltierte, anzunehmen, indem ich dich verführte, es mit mir zu teilen?

Allmählich erwachte ein neues Gefühl in mir. Der Reiz, dich zu stören, der Neid auf deine friedvolle Wesensart, der Zwang, dich zu erobern, machten immer mehr der Verachtung für dich Platz. So schwach warst du also, daß du dich von mir bezwingen ließest! Wieso leistetest du keinen Widerstand? Warum flüchtetest du in abstoßende Unterwürfigkeit? Warst du meiner Freundschaft überhaupt wert? Verstoßen sollte ich dich, um dir klarzumachen, daß meine zahllosen Bemühungen um dich an deiner Energielosigkeit scheiterten! Die Befriedung einer bereits zerstörten Stadt begann mich zu langweilen. Meine Verachtung führte zu gereizten Ausbrüchen gegen dich. Überkam dich zwischendurch ein Anflug der alten, heiteren Gelassenheit, fiel ich über dich her, bis du wieder gedrückt und stumpf zu mir aufschautest.

Doch auch meine Verachtung war nicht von Dauer. Deine dumpfe Stimmung übertrug sich auf mich. Peinvolle Schwere lag über uns beiden. Allmählich drückte uns die gleiche Last. Beide fühlten wir uns schuldig: Du, weil du meiner Anforderung nicht genügtest und dir Unfähigkeit und Undankbarkeit vorwarfst, ich, weil ich dir anzumerken begann, wie sehr du dich unter meinem Einfluß zu deinem Nachteil verändert hattest. Unentschlossenheit und ohnmächtige Schwäche, die ich dir zu Beginn unserer Freundschaft vorgeworfen hatte, wurden nun zur Grundstimmung in uns beiden. Wir fanden die Kraft nicht, auseinanderzugehen, geschweige denn, die Beziehung in neue Bahnen zu lenken. Hilflos klebten wir aneinander, verstärkten gegenseitig unsere tatenlose Unlust, mieden den Kontakt mit den Kameraden der Jugendgruppe aus dem sich ausbreitenden Gefühl unserer Beziehungslosigkeit. Waren wir getrennt, peinigte uns die Empfindung, daß wir uns gegenseitig brauchten. Trafen wir uns wieder, versanken wir sogleich im alten, fatalen Alptraum. Die Stärke, die ich in dir mit Gewalt hatte wecken wollen, war nun in eine uns beiden gemeinsame Schwäche verkehrt. Die Einsicht dämmerte mir, daß ich eben die Schwäche, die jetzt uns beide lähmte, zu Beginn unserer Freundschaft durch meinen fanatischen Bekehrungseifer beschwörend von mir hatte abwenden wollen. Nun lag der Bann des Gebannten auf dir und mir.

Wir beschlossen, mit einem Schlauchboot den griechischen Küsten der Chalkidike entlangzufahren, und erhofften von dieser Reise eine Kurskorrektur unserer fehlgeleiteten Freundschaft. Ein Freund lieh uns das Boot aus. Aus einer kleinen Erbschaft hattest du dir vor kurzem deinen ersten Wagen gekauft; mit ihm fuhren wir los. Als das Auto rollte, ließ der Druck, der auf uns beiden lastete, etwas nach. Ein wenig fandest du zu deiner früheren Gelassenheit zurück, und ich konnte mich sogar darüber freuen, ohne ständig zum Opfer meines Missionierungszwangs zu werden. Es war Herbst, und auch unsere Stimmung war herbstlich: weniger ein Aufbruch als der Anfang eines Abschieds. Außer über Reiseerlebnisse und -eindrücke sprachen wir kaum zusammen.

Zwar fiel ich ab und zu in die vorgebahnte Gewohnheit zurück, dir Anweisungen zu geben und dich zu belehren, doch merkte ich rasch die Sinnlosigkeit meines Tuns, und mein bekehrerischer Schwung erlahmte. Fast wie früher lebtest du vor dich hin und gabst kaum mehr auf mich acht. Auch ich folgte meinen eigenen Gedanken und wurde ernst im Nachsinnen über uns beide. Nach wie vor quälte mich die Schuld an deinem Leben. Gleichzeitig beobachtete ich, wie du begannst, dich wieder zu deiner Größe aufzurichten, und meine innere Pein ließ nach. Es schien, unsere Freundschaft löse sich in friedfertiger Herbstlichkeit auf.

Trotz des stürmischen Wetters und hohen Wellengangs begannen wir unsere Bootsfahrt. Etwas Unklares trieb uns, nicht zu warten. Mit Mühe setzten wir unseren Kurs gegen die Wellen durch und kamen mit Wasserschöpfen kaum nach. Doch weder du noch ich schlugen vor, umzukehren und auf ruhigeres Wetter zu warten. In einer unwirklichen Stimmung setzten wir die Fahrt fort. Zusammen sprechen konnten wir nicht mehr. Laut heulte der Motor auf, wenn wir uns auf einem Wellenkamm befanden und die Schraube nicht mehr griff. Heftig klatschte das Wasser an den Bug des Bootes. Langsamer als vorgesehen kamen wir vorwärts. Wir hatten damit gerechnet, in einer ruhigen Bucht der Halbinsel des Heiligen Berges zu landen und trotz Verbot zu zelten. Doch wurde es Abend und immer noch fuhren wir eine zerklüftete Felsküste entlang. Aus dem Meer stieg die Nacht. Wir mußten an Land gehen, es war höchste Zeit. Aber meterhoch stiegen und sanken wir mit den Wellen. Zu unserer Linken, auf der Seite des Ufers, stachen kleine, für das Gummiboot gefährlich spitze Felsen aus dem Wasser.

Da sahen wir durch die bald vollständige Finsternis eine nur etwa fünf Meter tiefe, von hohen Felswänden umgebene schmale Bucht. Vorsichtig steuerten wir das Boot hinein. Unheimlich war uns zumute, als wir die schwarzen Wände entlang im Wasser hochgehoben und hinuntergeschleudert wurden. Als das Boot oben auf einem Wellenkamm einen kurzen Augenblick anhielt, sprangst du auf einen schmalen Vorsprung in der Felswand zur Rechten hinaus. Da standest du nun und hieltest den Strick zum Boot in der Hand. Mehrmals hob und senkte sich das Boot, dann sprang auch ich. Du packtest meine linke Hand. Jedesmal, wenn das Boot auf unserer Höhe war, ergriff ich mit meiner Rechten ein neues Gepäckstück. Auch dies gelang. Dann sprangst du ins Boot zurück und schraubtest den Motor ab. Diesen auf einen höhergelegenen Felsvorsprung hochzuziehen, wurde zu unserer schwierigsten Aufgabe. Schließlich zogen wir an zwei Seilen das nun leere Boot hoch und banden es an zwei kleinen Felsspitzen fest. Jetzt klebte es als orangener Farbklecks an der senkrechten, dunklen Felswand. Zitternd vor Erschöpfung standen wir zusammen über dem tosenden Meer, das so schwarz war, daß wir es nur noch als bodenlosen Abgrund wahrnahmen. Bereits während unseres gefährlichen Landungsmanövers bemächtigte sich meiner ein unheimliches Gefühl von Anderssein. Angst empfand ich nicht. Wie in einer fremden, entblößten Welt fühlte ich mich, fremd und entblößt auch ich. »Du hast ausgespielt«, sagte es zu mir, »du hast ausgespielt.« Etwas war endgültig vorbei, das wußte ich. Der schmale Halt auf unserem Felsen machte mir bewußt, wie wenig Halt mir blieb. Die künstlichen Stellungen in unserem heillosen Spiel hatten wir bereits während der langen Autofahrt aufgegeben. Doch jetzt war noch mehr von mir gewichen: etwas, das mit unserer lächerlichen Partie von Macht und Ohnmacht nichts mehr zu tun hatte. Die Ohnmacht, die ich jetzt empfand, war so eindeutig wie meine Knochen oder dieser Fels. Sie machte mein Grundgefühl aus. Damals hätte ich für das, was ich in mir erlebte, diese Worte noch nicht gefunden. Doch geben sie genau meine damalige Gestimmtheit wieder. Zwischen einem dunklen Himmel und einem dunklen Meer drang eine Ohnmacht in mich ein, die nicht im Gegensatz zu irgendeiner Macht stand, sondern mein ganzes Leben lückenlos ausfüllte.

Unsere situationsbedingte, zweifellos vorübergehende und harmlose Ohnmacht erlebte ich wie ein Loch in der trügerisch geschlossenen Sicherheitshülle des Alltags, und durch dieses Loch floß mir eine Ahnung dieser anderen, wesentlichen und jederzeit gegebenen Ohnmacht zu. Der Schauder, der mich in diesen Stunden und Tagen oft durchlief, kam von dieser, nicht von jener. Doch auch unsere momentane Ohnmacht war real. In der nun vollständigen sternenlosen Dunkelheit krochen wir, uns Meter für Meter vortastend, in die Höhe. Dann machten wir halt und suchten im Gepäck nach der Taschenlampe. Mit deren Licht stiegen wir nun rasch höher, bis wir uns auf einer kleinen Plattform befanden. Aus unseren Vorräten holten wir Brot, Käse und Wein. Ohne zu sprechen, aßen und tranken wir. Dann krochen wir in unsere Schlafsäcke. Ich hörte dich laut überlegen: »Wie wohl unsere Umgebung aussieht? Es ist ein wenig unheimlich, nicht zu wissen, was um einen herum ist.« Das Ungeheuerliche hielt uns trotz der Müdigkeit einige Zeit wach. Schließlich fiel ich in den Schlaf wie in ein tiefes, schwarzes Loch.

Am frühen Morgen erwachte ich und hörte die Meeresbrandung mit unverminderter Stärke. Du schliefst noch. So ließ auch ich mich wieder in den Schlaf gleiten. Nun sah ich im Traum zwei

Männer. Ich wußte, daß sie feindliche Verbrecher waren, die sich auf Tod und Leben bekämpften. Schließlich gewann der eine die Oberhand, setzte sein Knie auf die Brust des andern, umkrallte im Würgegriff seinen Hals und stieß aus tiefer Verzweiflung, während Tränen über seine Wangen liefen, hervor: »Gestehe, daß ich recht habe, dich zu töten.« Der andere, der unter ihm lag, blieb stumm. Ich konnte nicht einmal sehen, ob er überhaupt noch am Leben war. Da ließ der obere, wie von der eigenen Traurigkeit überwältigt, vom unteren ab und legte sich still neben ihn. Jetzt lagen die beiden wie tot da. Nichts geschah. Nichts war mehr da. Dieses Nichts war das einzige Spürbare: eine grenzenlose Abwesenheit.

Vor Entsetzen wachte ich auf. Neben mir lagst du und schliefst. Ich fühlte, daß mit uns beiden eine grauenvolle und doch notwendige Wandlung im Gange war. Todmüde von unseren früheren Vernichtungsspielen lagen wir auf diesem nackten Felsen in einem anderen Nichts, für das die Lust am Morden und Gemordetwerden nur ein Hinweis, ein Wink, ein Ersatz war. Mit diesem ließ sich nicht mehr spielen. Es offenbarte mir eine Einsamkeit, der zu entfliehen ich ein Leben lang versucht hatte, zuletzt mit diesem Freund, der jetzt regungslos dalag. Gleichzeitig rettete es mich vor dem kranken Nichts der Vernichtung. Zuerst hatte ich dich, dann auch mich entwertet. In einem neuen Sinn waren wir beide nun ohne Wert: Es gab nichts mehr, an dem wir uns festklammern konnten. Auch der Halt, den ich in deiner Unterdrückung und du in deiner Unterwerfung gefunden hattest, war uns genommen. Das Leid, das ich dir angetan hatte, und dessen Rückprall auf mich schienen nie existiert zu haben. Welch zerstörerische Polaritäten hatten wir doch gewählt, um Freunde sein zu können! Jetzt gab es keinen Abstand mehr von dem, was wir einfach waren. Wir hatten unsere Konservenbüchsen von innen her aufgeschnitten. Kein Haltbarkeitsdatum garantierte mir die Dauer unserer Freundschaft. Seltsam war, daß wir dabei auf eine neue Art zu leben begannen, wie ich dunkel spürte.

Du erwachtest, und wir standen auf. Im Tageslicht betrachteten wir die Plattform, auf der wir geschlafen hatten, und realisierten, daß wir gefangen waren. Kein Weg führte ins Landesinnere, eine etwa zwanzig Meter hohe steile Felswand schnitt uns von ihm ab. Und das Meer tobte wilder noch als in der vergangenen Nacht; es war nicht daran zu denken, das Boot, das orange in der Sonne leuchtete, ins Meer hinunterzulassen. Doch machten wir von unserer Notlage kein Aufhebens. Mit Genügsamkeit und Selbstdisziplin würden Flüssigkeit und Nahrung zwei bis drei Tage reichen. Unabsehbare Zeit lag vor uns. Wir saßen da und konnten zum ersten Male, seit wir uns kannten, miteinander sprechen. Die Themen waren unwichtig. Deine friedvolle Ruhe lebte auch in mir, wie auch ich in dir lebte. Ob wir redeten oder schwiegen: an der selbstverständlichen Gegenwart des einen im anderen änderte sich nichts.

Wir machten uns keine Gedanken darüber, ob es mit unserer Freundschaft nach der Rückkehr weitergehen würde. Das Nichts, in dem wir nun zusammen waren, äußerte sich im köstlichen Gefühl der Freiheit. Frei waren wir von unseren Todesspielen, so frei, daß sie kein Thema mehr waren.

Eigentlich sind wir erst seit dem Exerzitium auf dem Meeresfelsen Freunde. Doch nein: Bereits in der Verworfenheit von Kain und Abel war Freundschaft dunkel am Werk. Wie stark mußte unsere Sehnsucht nach ihr sein, daß wir uns auf so qualvolle Irrwege begaben! Am dritten Morgen lag das Meer spiegelglatt im glitzernden Sonnenschein unter uns, so daß wir unsere Fahrt nach Süden fortsetzen konnten.

FÜNFTER KREIS

Gefährliche Hochzeit

Als du mir kurz vor der geplanten Abfahrt mitteiltest, du könntest nun doch nicht mit mir nach Spanien und Portugal fahren, dein Vater sei plötzlich schwer erkrankt, verstimmte mich diese Nachricht über Gebühr. Seit zwei Jahren warst du meine Freundin, und fast jedesmal, wenn wir einen gemeinsamen Plan faßten, wurde er durch äußere Umstände vereitelt. Dabei hatte ich große und wichtige Pläne mit dir vor. Wenn es schon im Kleinen so schwierig war, einen gemeinsamen Weg durchzusetzen, wie würde es erst im Großen werden! Meine Verwirrung an diesem Augustmorgen bezog sich weniger auf die geplatzte Ferienreise als auf unsere Absichten für ein gemeinsames Leben. Wenn das bloß gutging! Dabei gaben wir uns solche Mühe. Unsere Freundschaft war eine Mischung von stets erneut aufbrechender Liebe und verkrampften Anstrengungen. Manchmal gab es schwerelose Zeiten, in denen wir uns dissonante Töne in der Beziehung nicht einmal mehr vorstellen konnten. Dann wieder tappten wir von einem Mißgeschick zum anderen, und das Gefühl des Augenblicks drängte unzweifelhaft auf eine Trennung hin. Doch die Erinnerung an früheres glückliches Einverständnis und die Hoffnung, dies wiederzufinden, ließ uns bis dahin alle Durststrecken durchstehen.

Doch diesmal bekam die Vereitelung unserer gemeinsamen Ferien eine neue Bedeutung. Lange hatte uns die Vorstellung, in den vier Urlaubswochen wieder zu einem gemeinsamen Rhythmus zu finden, am letzten Schritt einer Trennung gehindert. Nun lag dieser Monat, der mir verheißungsvoll lange erschien, wie eine menschenleere Landschaft vor mir, in der du keinen Platz mehr einnahmst. In meine Bestürzung, daß du nicht mit mir fuhrst, mischte sich eine Note von Neugierde und Abenteuer. Und als wir uns schließlich vor der Tour Saint-Jacques in Paris, dem alten Ausgangspunkt der Pilger auf dem Gang nach Santiago de Compostela, verabschiedeten, fühlte ich nervöse Ungeduld: Ich hatte es eilig loszufahren.

Eine weite Reise lag vor mir; alleine hätte ich sie nicht ins Auge gefaßt, schon gar nicht im Auto. Nun rollte ich südwestlich durch Frankreich und Spanien, doch die ungemütliche Hast des Abschieds wich nicht von mir. Statt mich im Gefühl des Fahrens zu entspannen und die vorbeiziehenden Landschaften aufzunehmen, fieberte ich unruhig auf ein nächstes Ziel hin und erhoffte von diesem Zufriedenheit. Doch kaum befand ich mich am neuen Ort, plagten mich Unbehagen und Unrast noch stärker, so daß es mich drängte, schneller als vorgesehen wieder ein neues Ziel anzustreben. Von diesem erwartete ich eine Überraschung, die mich endlich von meiner Verstimmung erlösen sollte, vielleicht eine Frau, in die ich mich ein wenig verlieben, oder eine Kirche, in der ich mein seelisches Gleichgewicht wiederfinden würde. Aber weder eine Frau noch eine Kirche zogen mich in ihren Bann. Meine Ferienreise steigerte sich zur absurden Flucht. Zwar lernte ich interessante Städte kennen und unterhielt mich mit angenehmen Menschen. Dabei war mir aber zumute, als würde ich an einem verregneten Sonntagnachmittag aus purer Langeweile im Kino sitzen. Auf der alten Pilgerstraße nach Santiago de Compostela hetzte ich von Ort zu Ort und wurde mir ohnmächtig bewußt, daß eine Pilgerfahrt eigentlich kein Ziel haben dürfte.

Nach fünf Tagen dieser sinnlosen Selbstmobilisierung zwang ich mich, in einem relativ ruhigen Dorf am Meer Station zu machen. Im Hotel zahlte ich gleich für drei Nächte. Ziellos schlenderte, plauderte und grübelte ich jetzt herum, doch Unzufriedenheit und Nervosität quälten mich schlimmer als auf der ganzen bisherigen Fahrt, als ich noch äußere Ziele vor mir herschieben konnte und einen Vorwand hatte, mich zu bewegen. Ich kam mir wie ein Perpetuum mobile aus eigener Herstellung vor, das an allen Ecken und Enden zappelte und gleichzeitig an Ort und Stelle festklebte.

»Ich hätte nicht wegfahren sollen«, kam es plötzlich wie eine Eingebung über mich. »Eigentlich war es egoistisch von mir, meine Freundin mit ihrem kranken Vater alleine zu lassen und in Urlaub zu fahren. Diese Rücksichtslosigkeit ist die Ursache für meine Nervosität.« Und ich beschloß, dich anzurufen und dann zurückzufahren. Ferien zu Hause mit dir erschienen mir auf einmal als das lockendste Ziel. Ungeduldig hob ich den Hörer und wählte deine Nummer. Du nahmst nicht ab. Ärger stieg in mir hoch: »Wie, jetzt, da ich deinetwillen nach Hause fahren will, bist du einfach nicht da?«

Nach einer Viertelstunde versuchte ich es nochmals, dann immer wieder im Viertelstundentakt drei Stunden lang. Die Welt draußen gleißte im herrlichsten Sonnenschein. Durch meine Fenster sah ich Hotelgäste im Badeanzug Richtung Strand gehen, meistens in Paaren. Ich beneidete die halbnackten Körper, die aneinander Vergnügen fanden, und wieder stieg Ärger in mir hoch, diesmal, weil du mich im letzten Moment hattest sitzenlassen. Dein Vater war dir also wichtiger als ich. Krank ist krank, gesunde Menschen aber müssen miteinander weg. Wird das immer so bleiben, daß alle andern für dich wichtiger sind als ich?

Endlich erreichte ich dich. Deine Stimme klang erstaunt und, wie mich dünkte, nicht richtig erfreut. »Ich habe Heimweh nach dir«, sagte ich ins Telefon hinein. »So, Heimweh hast du?« fragtest du, wie um Zeit zu gewinnen. »Freust du dich nicht, wenn ich zurückkomme?« »Ach, weißt du, die Pflege meines Vaters macht mir genug Mühe. Ich würde wenig Zeit für uns beide übrig haben.« – »Übrig haben«, das hatte ich nicht erwartet, aber es paßte zum Rest: Du freutest dich nicht, daß ich zurückkommen wollte. Nicht nur in diesem trostlosen Ferienort, sondern auch bei dir war ich überflüssig. Verlassen fühlte ich mich und gereizt.

»Ich habe doch Heimweh nach dir«, beharrte ich zunehmend wütend. »Ich glaube dir nicht«, gabst du kühl zurück, »wahrscheinlich hast du Heimweh nach dir selbst, unzufrieden, wie du mir vorkommst.« – Ich war perplex. Ärger und Unruhe verschwanden mit einem Male. Deine Antwort hatte mich auf den Boden geholt. Zwar verstand ich sie nicht. Ich war einfach ernüchtert und schämte mich wegen des Theaters, das ich inszeniert hatte. Ich beschloß zu bleiben und sagte es dir. Du wünschtest mir schöne Ferien, und wir legten auf.

Ich zog meine Badehose an und begab mich zum Strand. Es war bereits spät am Nachmittag. Müde fühlte ich mich, aber entspannt, ähnlich wie in der beginnenden Rekonvaleszenz nach einer Krankheit. Kinder spielten vor meinen Augen, und ich schaute ihnen gerne zu. Zwei, drei Paare schlenderten umschlungen vorbei. Die Atmosphäre war mild und friedlich. Zwar weckte in mir weder die Vorstellung hierzubleiben noch die Perspektive weiterzureisen große Lust. Immerhin, ich fühlte mich nicht mehr von innerer Unrast getrieben. Meine Pilgerfahrt war zu Ende, weil ich kein Ziel mehr hatte. Oder fing sie erst jetzt an?

Santiago de Compostela war die erste Stadt, die mich in sanfte Erregung versetzte. Ein Hauch der erhofften Verliebtheit rührte mich an, als ich in einer schummrigen Kneipe nahe der Kathedrale mit einer Gruppe von Gleichaltrigen und Jüngeren zusammensaß und scherzte. Das bißchen Verliebtheit richtete sich weniger auf eine bestimmte Frau als auf das Zusammenfallen von hübschen

Menschen, sinnlicher Stimmung und einem lauen Augustabend in dieser von Vitalität summenden alten Universitätsstadt. Wir tauschten die Adressen, fotografierten uns, luden uns gegenseitig für irgendwann ein: das übliche unverbindliche Ritual, um sich momentanes Wohlwollen zu beteuern.

Am nächsten Morgen erreichte ich Portugal und ließ mich gemächlich die felsige Küste entlang nach Süden tragen. Die Lust auf längere Aufenthalte unterwegs fehlte mir. Das Rollen in der Hitze betäubte mich angenehm, und ich fuhr viele hundert Kilometer lang. Vom Fahren bekam ich ein ziehendes Gefühl im Bauch. Ich hatte geplant, mit dir um die iberische Halbinsel zu reisen, und benützte nun, ohne viel zu überlegen, die gleiche Route.

Es war früher Abend, als ich in der Ferne Ceuta erblickte. Am ersten Aussichtspunkt hielt ich an und schaute übers Meer. Unter den schrägen Strahlen der Sonne erblickte ich mir gegenüber Afrika. Da packte mich zum ersten Male wirkliche Reiselust. Das war das Ziel, wohin zu gehen wir beide nicht geplant hatten, das Tor zu einem neuen Kontinent. Eine Stunde später befand ich mich bereits auf der Fähre unterwegs nach Marokko.

Meine erste Nacht im Orient war unerträglich heiß. Durch das offene Fenster drang arabische Musik. Eine Schalmei wechselte sich mit einer weiblichen Stimme ab. Ein Ton stieß den anderen ins Leben. Jubelnd und klagend drängten die Tonfolgen hinauf und hinunter. Eine einzige unteilbare Leidenschaft durchpulste und relativierte Freudiges und Trauriges. Das Leben feierte sich in seiner Urkraft, noch ohne Unterscheidung von Lust und Schmerz, Aufstieg und Niedergang. Bilder von Umarmungen und Vereinigungen, in denen sich Leben und Tod mischten, stiegen in mir hoch und brachten mich durcheinander, Agonien der Glückseligkeit und Frühlingsfeste des Untergangs. Monotone Melodien versetzten mich in eine fein und rasch bebende Ekstase. Ist hier Geburt oder Tod, fragte ich mich, Liebe oder Zerstörung? – Und wußte gleichzeitig um die Hinfälligkeit meiner Frage.

Meine Gedanken zerflossen jedesmal, wenn die raschen Sequenzen in einen einzigen, unendlich lange ausgehaltenen Ton mündeten, der mein Herz fast stillstehen ließ. Dieser für meine Ohren unwahrscheinlich andauernde, unwirklich gleichbleibende Klang durchbrach jedesmal die Idee von geregelten Harmonien eines Vor- und Nachher in einer nach abendländischem Muster durchkomponierten Melodie. Eine neue Idee drängte sich mir auf: nur das Eine, das Eine, das Eine geschieht in Allem. Sein dunkles Geheimmis erhellt und vernichtet unsere Gewißheiten. Das ewig Eine geschieht zu jedem Zeitpunkt, auch wenn du vor ihm wegläufst. Verbinde deinen Willen mit ihm, und Friede wird dich ausfüllen: Insch'Allah.

Meine erste Berührung mit der arabischen Welt geschah durch die Musik in dieser schwülen Nacht, da ich schwitzend und aufgewühlt den Schlaf vergaß. Ich erfuhr ein unerklärliches Paradox: Die sich vorwärts peitschenden Töne bekamen ihr leidenschaftliches Leben erst von diesem einen, einer anderen Sphäre angehörenden Ton, durch den sie doch in ihrem Lauf gebremst, gebrochen und aufgeschluckt wurden: das Paradox des Alltäglichen! Wer dieses entläßt in den einen Nicht-Tag, die tausend Ziele in das eine Ziellose, findet sich mitten in der Intensität des Lebens von Tag zu Tag vor, wird erfinderisch und schöpferisch, oft gegen den eigenen Willen.

Solche Gedanken drängten sich mir konfuser auf, als ich sie heute niederschreibe. Damals ereignete sich mit mir eine neue Geburt: Eine neue Welt des Erlebens brach in mich ein, von der ich ahnte, daß sie mir nicht nur Wunderbares, sondern auch Schreckliches bereithielt. Ich hatte keine Landkarte zur Hand, da ich bis am Tag zuvor nicht im Traum daran gedacht hätte, in Marokko zu landen. Ich bemerkte den Mangel erst, als ich mich am nächsten Morgen vor der Weiterfahrt orientieren wollte. Ich lachte: So werde ich mich halt durchfragen, statt einem Papier werden mir lebendige Menschen weiterhelfen.

Rasch gelangte ich in eine einsame Gegend. Unversehens fand ich mich mitten in einer Steinwüste. Zunächst wurde sie noch von Büscheln zähen und harten Grases durchbrochen, dann waren nur noch Steine und aufgerissene, zerbröckelte Erde zu sehen. Bevor ich in die große Leere eindrang, erblickte ich als letztes einen Hirten mit weit verstreuten Schafen. Als er mich langsam vorbeifahren sah, machte er zu mir hin eine halb einladende, halb verächtliche obszöne Gebärde. Dann gab mir in der öden Landschaft kein lebendiges Wesen mehr einen Anhalts- und Bezugspunkt. In der Nacht zuvor noch hatte mich der unwahrscheinlich lange Urton, der alle anderen Töne in sich hineinschlang, berauscht; er bedeutete mir lebendigste Fülle. Jetzt aber erschrak ich über meine Orientierungslosigkeit. Die Fülle entlarvte sich mir als Attrappe des Nichts. Mich durchzuckte absurdes Erschrecken: Auf einmal hatte ich die Illusion, trotz dem Drehen der Räder, dem Geräusch des Motors und dem scharfen Zugwind ganz und gar stillezustehen – die verrückte Vorstellung, mich trotz aller Bewegungen nicht mehr bewegen zu können. Dann ärgerte ich mich über mich selbst: »Kommst du denn nie zur Ruhe? Kaum der Zielverfallenheit und dem Bewegungszwang entronnen, läßt du dir von einer banalen Steinwüste Angst einjagen!«

Plötzlich wurde mein Auto von einem trockenen Schlag erschüttert, dann fuhr es mit wiederholtem, schmerzlich hartem Aufprallen weiter. Ich trat auf die Bremse: Beide vorderen Stoßdämpfer waren durch ein tiefes Schlagloch in der Schotterstraße zerbrochen, an eine Weiterfahrt war nicht zu denken. Da stand ich nun wirklich in dieser von der Sonne verbrannten Steinlandschaft wie festgenagelt. Den Schauder, den ich in der vergangenen Nacht beim Hören der arabischen Musik empfunden hatte, deutete ich nun als Vorboten einer heimtückischen Zerstörung. Die Luft flimmerte vor meinen Augen. Mir war schwindlig zumute. Nicht mehr konnte ich unterscheiden zwischen dem Mißgeschick, das mit meinem Auto passiert war, und meiner Person. Ein primitives Verschmelzungsgefühl bemächtigte sich meiner wie ein Verhängnis. Von der Panik, die ich in meiner zwar ärgerlichen, aber doch banalen Situation empfand, schäme ich mich heute zu erzählen. Ich geriet in einen Zustand völliger Verfremdung. Hilfesuchend klammerte ich mich an das Bild meiner Freundin, doch erschien sie mir nicht mehr als ein lebendiges Du, sondern wie eine mir gleichgültige Abstraktion in Schwarz und Weiß. Ich wunderte mich, je mit ihr sinnliche Liebe genossen zu haben. Zwar gab mir die objektive Erinnerung daran eine kurze, illusorische Hoffnung auf Normalität. Doch dann zerstörte sich auch diese in meinem Innern. Mir ging eine schreckliche Evidenz auf: Mein sogenanntes Leben bedeutete nur Anstrich und Tünche, die Wahrheit war das: Steinwüste, Panne, Blockierung, selbstzersengende Energie. In der Beziehung zu meiner Freundin fixierte ich mich auf die Kränkungen, die sie mir, so meinte ich, zugefügt hatte, ich selbst aber hatte noch nie geliebt. Deshalb konnte ich ihre Liebe nicht spüren. Die Wüste, in der ich tatenlos wartete, wurde mir zum Spiegel, der um meine Wahrheit wußte.

Während ich mich mit solchen Gedanken zermarterte, saß ich neben meinem Auto in der prallen Sonne, die jetzt im Zenit stand, unfähig nachzudenken, wo ich mir Hilfe holen könnte. Der Hirte, den ich als letzten Menschen angetroffen hatte, kam mir wieder in den Sinn. Die einsame Gebärde, mit der er vor mir, der ich vorüber fuhr, sein erigiertes Glied entblößt hatte, verstärkte mein Gefühl perspektivenloser Verdammnis und bodenloser Isolierung. Hatte auch ich blind in vorbeiziehende Phantasien hinein geliebt?

Ein Motorrad bremste neben mir. Du stiegst ab. Aus meiner Verzweiflung tauchtest du plötzlich ins mittägliche Licht auf. Freundlich lachtest du mich aus. Auch diesmal erkannte ich dich an deinem Lachen, das meine Einsamkeit sprengte. Wegen dieses Lachens öffnete sich dir mein Herz. Straff und strahlend standest du vor mir und machtest dich über mich lustig. »Ein hübsches Auto hast du. Leistest du ihm Gesellschaft?« Dann, als ich dich über den Schaden informierte: »Auch deine Stoßdämpfer scheinen mir am Boden. Komm, setz dich zu mir aufs Motorrad. Wir holen Hilfe.«

Und schon saß ich hinter dir. Mein Auto mit allem Gepäck ließen wir in der Steinwüste zurück. Mochten meine Habseligkeiten in unserer Abwesenheit gestohlen werden, ich war wieder lebendig, endlich lebendig! Mit dir zusammen aus Fleisch und Blut wurde auch ich wieder zu Fleisch und Blut. Ich hielt mich an deinen Hüften fest, und durch die Vibrationen des Motors und die unregelmäßigen Stöße der Schlaglöcher übermittelte sich mir deine Energie. Diesmal kam die Befreiung nicht von einem hellen, sondern einem dunklen Licht: von der warmen, weisen Ausstrahlung eines um sich selbst wissenden Körpers. Nur dieses dunkle untere Licht konnte mich aus meiner Isolierung erlösen, nicht das obere gleißende Licht, das den Körper für sich selbst blind macht. Während du lachtest und sangst und mir lustig derbe Geschichten zuschriest, übertrug sich dein geheimnisvolles unteres Licht auf meinen Körper, der jetzt aus sich heraus, nicht durch eine obere Sinngebung, glücklich wurde.

Wir gelangten zur Stadt, die ich am Morgen verlassen hatte. Vor einer Autowerkstätte hieltest du an und erklärtest dem Arbeiter mein Mißgeschick. Dann verabschiedetest du dich von mir: »Wenn du Lust auf ein Wiedersehen hast, kannst du mich in Fes finden. Ich möchte dir die Stadt zeigen. Morgen abend um sechs Uhr warte ich auf dich vor der großen Moschee.« Noch ein kurzes, spöttisches Lachen, und schon drehtest du den Motor auf und braustest davon.

Der Automechaniker fuhr mit einem klapprigen Abschleppwagen vor, und ich stieg ein. Im Nu befanden wir uns auf der Landstraße, vorbei am letzten Hirten, der mir diesmal den Rücken zukehrte, und hinein in die Steinwüste. Mittendrin klebte mein Auto wie ein fremder grüner Tupfen. Der Arbeiter hiefte es vorne hoch, und zum dritten Male fuhr ich in die kleine Stadt, die ich tags zuvor nach meiner Ankunft in Marokko für eine bloße Übergangsstation gehalten hatte und die hernach durch die nächtliche Musik und nun durch meine Panne in der Wüste eine unvorhersehbare Bedeutung erhielt. Spätabends war der Schaden behoben, und ich erreichte Fes kurz nach Mitternacht. Kleine Feuerchen, um die dunkle Gestalten in langen Dschelabas kauerten, brannten da und dort am Rande der Straßen. Süß sinnlicher Duft von Sandelholz parfümierte die Luft. Der leichte, vollkommene Schwung der Tore, Bögen, Fenster und Säulen wirkte auf mich, als würde sich die Schwerkraft auflösen: durch einen Tanz, in dem der Marmor sich hob und aufhob. Das alles sah ich wie eine Ahnung und Andeutung im Lichte des zunehmenden Mondes. Innere Sehnsüchte vermengten sich mit den äußeren Bildern, in denen nur die Konturen klar hervortraten, zu einer Einheit, die für mich seither die der islamischen Kunst eigene Atmosphäre ausmacht. – Mühelos fand ich noch zu dieser späten Stunde ein kleines Hotel, in dem ich musik- und traumlos bis in den nächsten Vormittag hinein schlief.

Gegen Mittag erkundigte ich mich nach dem Weg zur großen Karaouyine-Moschee und streunte dort einige Zeit herum, spähte in den Vorhof mit den ruhig plätschernden Springbrunnen und den Männern, die im Schatten lagerten. Der Zugang zur Moschee selber war Nicht-Moslems verwehrt. Dann schlenderte ich durch die Königsstadt Fes, beschränkte mich aber darauf, diese neue Welt von außen zu beschnuppern. Meine Nase wollte sich zuerst an die neuen Gerüche gewöhnen und meine Instinkte an die fremde Art zu empfinden. Daher widerstand ich auch den pausenlos lockenden Rufen der Händler, ihre Teppiche, Taschen, Gewebe, Instrumente, Messingplatten, Gewürze und vieles andere näher zu betrachten oder zu beriechen. Auch Werkstätten oder Museen besuchen wollte ich nicht. Das alles hatte ich vor, mit dir zu erleben. So übte ich meine Empfindungen nur auf dich ein. Du würdest mein Führer sein. Durch deine Augen, denen alles, was ich sah, seit jeher vertraut war, wollte ich sehen, mit deinem Herz spüren, mit deinen Füßen gehen.

Als ich bereits um Viertel vor sechs wieder vor der Moschee eintraf, hörte ich schon von weitem dein leichtes Lachen. Nach der Begrüßung necktest du mich: »Dein Auto ist traurig, weil du es verlassen hast. Willst du ihm nicht wieder Gesellschaft leisten? Aber nein, von jetzt an bin ich dein Begleiter. Damit muß sich dein Auto abfinden.« Zum ersten Male betrachtete ich dich richtig: dein klares, glückliches Gesicht, deine vor Lustigkeit überquellenden Augen, die zwischendurch ganz unerwartet tief und ernst schauen konnten, als machtest du dir trotz aller Spöttereien um mich Sorgen, deine behende sehnige Gestalt, deine dunkel schimmernde Haut, deine breite, offene Brust. Deine Art erinnerte mich an das Zirkusmädchen aus meiner Volksschulzeit. Euer Lachen hatte den gleich gestimmten Glockenklang. Ich glaube, ihr beide würdet noch vor dem endgültigen Schicksalsschlag knapp und klar auflachen und euch dann schweigend ins Unvermeidliche schicken.

»Ich habe es mir überlegt«, sagtest du, während wir zunächst durch den Souk und dann vorbei an stinkenden Ledergerbereien flanierten. »Die Stadt Fes zeige ich dir später. Morgen begleitest du mich zur Hochzeit meiner Schwester, die in einem Weiler hoch oben im Riffgebirge stattfindet. Sie fängt übermorgen an und dauert eine Woche.« Das war keine Frage an mich, sondern eine Feststellung, die ich fraglos teilte. »In Ordnung«, antwortete ich und zuckte mit den Schultern. »Als Fremder weiß ich nicht, was ich in deinem Land erleben muß. Du weißt es.« Du strahltest: »Richtig. Ich weiß, was du erleben mußt. Stimmt. Ich weiß es besser als du selbst. Erinnere dich daran, wenn wir oben im Gebirge sind.«

Am nächsten Nachmittag fuhren wir in meinem Auto über zunehmend holperige Naturstraßen und dann über den harten, durch die Hitze aufgesprungenen Boden einer weglosen Einöde. Immer langsamer kamen wir vorwärts, denn die Stoßdämpfer durften nicht noch einmal kaputtgehen. Je langsamer wir vorrückten, desto frischer sprudelte unser Gespräch. Mit der abnehmenden äußeren steigerte sich die innere Geschwindigkeit. Mein Lebensgefühl stieg. Und als du mir am Fuße des Gebirges mitteiltest, daß wir das Auto hier zurücklassen würden, war mir zumute, als würde die Reise hier erst richtig anfangen. Von irgendwoher tauchte ein alter, spindeldürrer, halbnackter Mann bei uns auf. Du kanntest ihn. Auf deine Anweisung hin setzte er sich unter den einzigen Baum weit und breit neben mein Auto. »Hier wird er ohne Unterbrechung bleiben, bis du zurückkommst, und deinen Wagen bewachen. Er wird sein Kif-Pfeifchen anstecken und glücklich sein«, beteuertest du. Dann ranntest du davon, verschwandest hinter einer kleinen Anhöhe und kehrtest nach zehn Minuten mit zwei Maultieren zurück. Im Sattel des Tieres, das du mir zuteiltest, verstaute ich den kleinen Rucksack, den ich als einziges Gepäckstück mit mir nahm, und setzte mich, dich nachahmend, auf den breiten abgewetzten Sattel meines Tiers.

Jetzt ging es unter der brütenden Sonne steil den Berg hoch, entlang einem ausgetrockneten Bachbett, an dessen Ufer in größeren Abständen verdorrte Büsche standen. Ich stellte mir vor, in spätestens einer Stunde oben anzulangen. Vor Staub und Hitze verstummten wir. Der ungewöhnliche Ritt ermattete mich immer mehr. Nun dauerte er schon gegen drei Stunden. Du machtest keine Angaben, wie lange sich die Reise noch hinziehen würde, und ich wollte dich nicht danach fragen. Durst peinigte mich. Meine Kehle schmerzte vor Trockenheit. Kleine scharfe Lichtlein flimmerten vor meinen Augen. Auf einmal war mir, als könnte ich keine Minute mehr weiterreiten. Ohne sofort zu trinken und auszuruhen, würden mir Hals und Brust bersten.

Da erreichten wir in der Nähe einer schattigen Baumgruppe einen kleinen Ziehbrunnen. »Willst du kurz absteigen?« fragtest du mich. Ich nickte und stolperte auf halb eingeschlafenen Beinen zum Brunnen hin. »Du solltest nicht trinken!« warntest du mich. Doch im gleichen Augenblick hatte ich bereits den Kessel mit Wasser hochgezogen und trank gierig. Mißbilligend beobachtetest du mich, enthieltest dich aber einer Bemerkung. Neben dem Brunnen ließ ich mich zu Boden fallen. Den inneren Kontakt zu dir hatte ich ganz und gar verloren. An einer Hochzeit von Berbern mitten im Riffgebirge teilzunehmen, kam mir jetzt abstrus und irre vor. Warum nahm ich eigentlich diese Strapazen auf mich? Wolltest du mich da oben wie ein fremdes Tier vorführen? Und wie sollte ich mich verständigen, wenn du als einziger gut Französisch sprachst, wie du mir unterwegs im Auto mitgeteilt hattest?

Und weiter kletterten die beiden Maultiere mit uns auf dem Rücken den Berg hoch. Zu Erschöpfung und Mißmut kam nun noch ein merkwürdig hilfloses Gefühl im Bauch. Schmerzen hatte ich keine, empfand aber meinen Unterleib wie taub und tot. Einer Marionette gleich saß ich auf meinem Tier, das sich schlafwandlerisch wie ein lebender Automat vorwärts bewegte. »Wenn wir doch nur bald ankämen!« jammerte ich in mich hinein. Aber sogar diese Aussicht tröstete mich kaum. Wie vor einigen Jahren auf dem Meeresfelsen in der Chalkidike, wohin uns der Sturm verschlagen hatte, fühlte ich mich auch jetzt in eine unwirtliche, fremde Welt hineingeschleudert, auf die ich mich aus freien Stücken nie eingelassen hätte. Nun, da ich nicht mehr mit deinem Herzen fühlte und deinen Augen schaute, war mir alle Energie weggenommen, und ich lehnte mich gegen meine sinnlose Einsamkeit auf. Noch konnte ich nicht wissen, daß sie eine neue Geburt einleitete.

Rasch fiel die Nacht über uns her. Kurz bevor es vollständig dunkel wurde, vernahm ich Hundegebell, dann Kindergeschrei und schließlich emsiges Stimmengewirr und die gleiche Schalmeienmusik wie in der Nacht nach meiner Ankunft in Marokko. Eine letzte baumlose Anhöhe noch – Bachbett und Tal lagen längst hinter uns –, und ich erblickte eine großartige Kulturlandschaft, wie ich sie nie zuvor gesehen hatte. Auf einem Plateau unter dem letzten sichtbaren Gipfel wuchs aus einer kreisförmigen natürlichen Mulde ein mit einem Mauerring aus gestampfter Erde bewehrter Weiler. Unter dem soeben aufgegangenen Mond, zu dessen letzter Rundung noch ein Tag fehlte, schimmerten das Burgdorf und seine Umgebung gespenstig fahl. Innerhalb des Gemäuers tummelten sich wie von einer gemeinsamen Begeisterung beseelt viele Menschen herum. Einige Männer saßen um einen dampfenden Topf mit Couscous, der über einem Feuer hing. Frauen eilten uns kichernd und scherzend entgegen, zeigten auf mich, stießen sich an und musterten mich mit heißen Augen von oben bis unten. Ohne jede Zurückhaltung traten sie auf uns zu, berührten dich und mich, und mich und dich. Hilflos fühlte ich mich mitgerissen, fand keinen Augenblick Zeit zu überlegen, was ich tun oder sagen sollte. Mein Denken verwirrte sich, als würde ich auf dem Kopf durch die Welt gehen und die Menschen von oben mit meinem Unterleib begrüßen. Meine Welt war auf den Kopf gestellt, und mir wurde übel.

Mir war tatsächlich übel. Zum ersten Male seit unserem Halt beim Ziehbrunnen nahm ich wieder deinen Blick wahr, der auf mir ruhte, und diesmal war ich mir sicher, daß du dir Sorgen um mich machtest. Du fordertest mich auf, mich hinzusetzen, und botest mir eine Tasse mit frischem, heißem Pfefferminztee an. »Geht es dir nicht gut?« fragtest du mich. »Mir ist speiübel. Magen und Kopf drehen sich.« Du legtest deine Hand erst auf meine Stirn und dann auf meine nackte Brust. Durch den Kontakt merkte ich, daß mein ganzer Körper mit kaltem Schweiß bedeckt war. »Das Wasser aus dem Ziehbrunnen«, flüstertest du, »das Wasser hat dich krank gemacht.« Gierig trank ich den intensiv duftenden, süßen Tee. Die Hitze von innen tat mir gut. In mir regte sich wieder das vertrauensvolle, brüderliche Gefühl, das ich bereits im ersten Moment unserer Begegnung für dich empfunden hatte, nur kam es jetzt von viel tiefer. »Mein Freund«, sagte ich zu dir, »danke, daß du dich um mich kümmerst. Ich hoffe, daß ich trotz meines Unwohlseins an der Hochzeit deiner Schwester teilnehmen kann.« – »Insch'Allah«, antwortetest du. »Es geschehe, was geschehen muß. Jetzt legst du dich zunächst einmal hin.«

Eben wollte ich dir in den Schlafraum der unverheirateten Männer folgen, als eine Frau zu uns trat. Sie war groß und von schöner, üppiger Gestalt, mit runden, wohlgeformten Brüsten, die sich unter dem lockeren Gewand abzeichneten. Aus ihrem regelmäßigen Gesicht mit breiten Backenknochen blickten sinnlich neugierig dunkle, von langen Wimpern verhangene Augen mit großen Pupillen. Ganz nahe trat sie an mich heran. Ihr feuchter, heißer Atem hüllte mich ein. Sprachlos in meinem Elend saß ich da und hob mit Mühe meinen Kopf zu ihr hoch. In meine Übelkeit mischte sich eine Sinnlichkeit, die unfähig war, sich auszudrücken. »Du gefällst mir«, sagte sie mit rauher Stimme. »Du bist alleine da. Wir werden es gut haben zusammen am Hochzeitsfest.« Ich konnte mich nicht bewegen und war nahe daran, ohnmächtig zu werden. »Mir ist übel«, stammelte ich. »Laß es gut sein«, gab sie zurück, »du legst dich jetzt hin, damit du morgen früh gesund bist.«

Auf ein Zeichen von dir folgte ich dir zum Männerraum. Etwa vierzig Strohmatten lagen hier nebeneinander in zwei Reihen. »Hier ist deine«, sagtest du, »ich werde links neben dir schlafen.« Ich legte mich hin. Nach einer Viertelstunde kehrtest du zurück und brachtest mir eine Schale mit Couscous und nochmals heißen Pfefferminztee: »Iß wenig und trink viel.« Du setztest dich neben mich auf den Boden und schautest mir zu. Je jämmerlicher ich mich fühlte, desto fester wurde mein Vertrauen in dich. Ich realisierte, daß du mein Begleiter nicht nur zum Hochzeitsfest deiner Schwester, sondern mehr noch auf einer notwendigen und gefährlichen Reise warst, deren Stationen für mich noch gänzlich im dunkeln lagen. Ich war auf dich angewiesen, und es war das erste Mal in meinem Leben, daß ich die eigene Bedürftigkeit als Glück erfuhr. Du führst mich, wohin ich alleine nie gelangen würde. Du bist mein Freund, dachte ich.

»Möchtest du, daß ich dir mehr über die Frau erzähle, mit der du soeben gesprochen hast?« fragtest du mich. Ich zuckte zusammen. »Du mußt, du mußt«, wollte ich dir zurufen, brachte aber kein Wort heraus. »Ich will dir von ihr erzählen«, fuhrst du fort. »Diese Frau hatte großes Unglück in ihrem Leben. Sie ist stark und schön. Aber ihre drei Männer waren schwach.« – »Drei Männer?« fragte ich fast ohne Stimme. »Ja, drei Männer, einer nach dem anderen. Nach zwei Monaten Ehe ist der erste gestorben und wurde vor der Mauer des Weilers begraben. Nach einem Jahr heiratete sie den zweiten. Vier Monate später ist auch er gestorben. Er wurde nahe beim andern begraben. Drei Jahre lang lebte die Frau alleine und wurde vor Einsamkeit und Gier fast wahnsinnig. Sie klagte und stöhnte, weil sie keinen Mann zum Umarmen und für die Liebe hatte. Ihren dritten Mann lernte sie vor zwei Jahren in diesem Weiler ebenfalls bei einem Hochzeitsfest kennen. Die beiden heirateten bald. Am Morgen nach der Hochzeitsnacht starb er plötzlich. Er wurde zu den beiden anderen gelegt. Wenn es dir wieder bessergeht, unternehmen wir zusammen einen kleinen Spaziergang. Ich werde dir die drei Grabsteine zeigen. Bei uns tragen Grabsteine keine Namen. So stehen die drei nebeneinander und unterscheiden sich nicht voneinander. – Die Frau ist von einem bösen Geist besessen, doch meint sie, du könntest sie von ihm befreien. Vor einer Woche nämlich hat sie geträumt, ein blonder Mann würde hierher kommen und sie lieben. Dann würde der böse Geist von ihr weichen.«

In raschen, heftigen Wellen wurde mir abwechselnd heiß und kalt. Der Schweiß rieselte über meinen ganzen Leib, der fast unbedeckt auf der Strohmatte lag. Aus meinem Rucksack zogst du ein Handtuch und riebst mich sanft trocken. »Willst du mit ihr schlafen?« fragtest du in einem sachlichen Ton, der die Antwort bereits enthielt. Ich war unfähig zu antworten und fühlte mich nahe einem Kollaps. Du wartetest ein Weilchen, doch beharrtest du auf deiner Frage: »Erinnere dich an den Satz, den du in Fes bei unserem Rundgang aussprachst. Du bemerktest, ich alleine wüßte, was du auf unserer gemeinsamen Reise erleben müssest. Du wirst mit ihr schlafen!« Zum Sterben elend und nach Atem ringend lag ich fiebrig da und war hilflos verzweifelt wie noch nie. »Wie das? Todkrank und keiner Bewegung fähig soll ich diese herrliche, starke

Frau lieben? Wie, wenn ich darauf als vierter im Bunde draußen vor der Mauer begraben werde?« Todesangst lähmte mich. »Siehst du denn nicht, wie krank ich bin?« fragte ich dich flehend, mich mühsam von der Strohmatte aufrichtend. »Eben«, antwortetest du, »du bist krank, kränker als du meinst. Auch du hast einen bösen Geist. Du mußt mit der Frau schlafen. Sonst wirst du der Krankheit erliegen.«

In meinem zunehmenden Elend wurde ich zwischen zwei Todesahnungen hin und her gerissen. Mir graute, die Reihe der toten Ehemänner fortzusetzen, denn viel zu schwach fühlte ich mich zur Liebe. Du aber behauptetest im Gegenteil, daß ich sterben würde, wenn ich mich der Frau verweigerte. Halb tot vor Angst, Übelkeit und Leibschmerzen sank ich entkräftet auf meine Strohmatte zurück. Ich glitt in einen langen, schmerzlichen Betäubungszustand und wußte nicht mehr, ob ich schlief oder wachte. Plötzlich schreckte ich auf. Der Raum war voll von schlafenden Männern. Du lagst neben mir. Fürchterliche Krämpfe durchkneteten meine Gedärme. Ich mußte mich sofort entladen, kaum noch hielt ich mich zurück. Als du vorhin neben meiner Matte gesessen hattest, nahmst du mir das Versprechen ab, daß ich dich in dieser Notsituation wecken würde. In diesem Falle müßtest du mich nämlich vor die Mauern begleiten. Ich lauschte in die Nacht hinein. Nicht weit vom Dorf entfernt heulten Wölfe.

Ich weckte dich. Sofort warst du auf den Beinen und halfst mir liebevoll auf. Auf dich gestützt schwankte ich hinaus. Die Bauchkrämpfe verstärkten sich. Du bandest einen großen Schäferhund los. »Wegen der Wölfe«, erklärtest du. In kleinen Schritten durchquerten wir den Weiler und gelangten durch eine Pforte in der Mauer in die ungeschützte Landschaft. Hier entlud ich mich, während du in kleinem Abstand mit dem Hund Wache hieltest. Meine Gedärme und das ganze Innere meines Leibes schienen sich mit dem Durchfall schmerzlich und erlösend aus mir herauszustülpen. Ich entleerte mich von mir und allem, und zurück blieb bloß eine kraftlose Hülle.

Wieder im Männerhaus sank ich in Fieberträume. »Ich begleite dich auf den hohen Berg«, locktest du mich verführerisch, »und diese Frau wird dein sein, wenn du mich anbetest.« Deine Gestalt verschmolz mit der Figur des Teufels in den Versuchungsgeschichten Jesu. Doch konnte ich dir den Bannstrahl des »Geh zurück, Satan!« nicht entgegenschleudern. Ich vertraute dir und liebte dich. Unbeweglich lag ich zwischen dir und dem Weibe, das auf einmal auch da war und ihre Hand weich auf meinen Bauch legte. »Bleibt beide da, ich brauche euch beide«, stöhnte ich, »ich bin krank, beide will ich euch anbeten.« Ich drehte meinen Kopf und legte ihn auf deine nackten Füße, die ich mit meinen Händen umklammerte. Wieder rissen mich die kranken Gedärme aus dem Schlaf. Du standest tatsächlich vor mir, und ich umklammerte wirklich deine Füße. »Ich muß wieder hinaus vor die Mauer, sofort!« stieß ich hervor. Und wieder begleitetest du mich behutsam ins Freie, und wieder wachte der Hund über uns. Diesmal hörte ich einen Wolf ganz nahe leise und bedrohlich knurren. Das Fell des Schäferhunds sträubte sich, und er begann wütend zu bellen.

Von nun an fand ich keinen Schlaf mehr. Jede halbe Stunde wiederholte sich das eklige Ritual. Freundlich und aufmerksam standest du mir bei. Ich staunte, wie rasch du jedesmal aufstandest, wie eine Mutter, die den Schmerz ihres Kindes auch im Schlafe spürt. Schwächer und schwächer wurde ich und begann, in der lauen Nacht vor Kälte zu zittern. Da legtest du auch deine Wolldecke über meinen bebenden Körper und hieltest beruhigend meine Hand.

Dann wurde es schnell Tag. Heute sollte das Hochzeitsfest seinen Anfang nehmen. Draußen hörte ich Frauenfüße herumhuschen. Alle Vorbereitungen seien schon getroffen, hattest du mir gestern versichert. Doch gab es im letzten Moment sicher noch viel zu erledigen. Ich vernahm das Klappern vieler Hufe. Maultiere kamen näher. Sie hielten auf dem Platz an. Kreischend und scherzend stiegen Frauen ab. Später erklärtest du mir, dies seien Prostituierte, die für die ehelosen Männer zu allen Festen geladen würden. Jetzt erwachten auch die anderen Männer im Raum und erhoben sich von ihren Matten. Auch diesmal wunderte ich mich über die Schnelligkeit, mit der das geschah: eben noch tief im Schlaf, und jetzt auf und davon.

Du neigtest dich über mich. »Ich kann nicht aufstehen, ich bin zu schwach«, flüsterte ich entmutigt. Du lachtest mich aus: »Weiß Gott, wofür deine Schwäche gut ist.« Dann brachtest du mir wieder heißen, gezuckerten Pfefferminztee. Feste Nahrung war mir zuwider. »Ich gehe jetzt zur Hochzeit und schaue ab und zu nach dir.« Mit diesen Worten verabschiedetest du dich von mir. Intensive Düfte von gebratenem Fleisch und Backwerk, dazwischen auch von süßlich schwülem Parfum drangen in Schwaden durch die

Ritzen des dunklen Männerraums, in dem ich nun alleine lag. Mich ekelte. Draußen stieg das lustvolle Fieber der vielen, während ich hier drinnen an meinem einsamen Fieber litt. Die erotische Spannung der Menschen, die scherzten, lachten, sich anlockten, tanzten, stampften, sangen, jubelten, aßen und tranken, intensivierte sich von Stunde zu Stunde. Meine Vorstellung von dem, was sich draußen ereignete, konnte nicht an bereits Gesehenes und Erlebtes anknüpfen, hatte ich doch noch nie an einer Berberhochzeit teilgenommen. Ins dunkle Männerhaus drangen nur Geräusche und Gerüche. Aus dem Erlauschten und Erschnupperten schuf meine Phantasie Bilder, von denen ich nicht wußte, in welchem Ausmaß sie aus meinem Inneren stammten. Das Fieber, das in Wellen stieg und sank, verwandelte die Hochzeit, die draußen stattfand, in ein Fest mit teilweise halluzinatorischem Charakter. Die Grenzen zwischen Innen und Außen verwischten sich. Ich schlummerte und wachte zugleich. Beide Zustände verbanden sich in einer Weise, daß mir seither die Unterscheidung zwischen ihnen illusorisch scheint.

Je mehr die Zeit vorrückte, desto mehr geriet ich in einen ekstatischen Zustand, der mir wie ein Tanz auf dem schmalen Grat zwischen zwei Abgründen – Leben und Tod – vorkam. Einmal schwankte ich mehr zum einen hin, dann wieder taumelte ich auf den anderen zu. Im letzten Augenblick vor dem unwiderruflichen Fall auf die eine oder andere Seite riß es mich jedesmal wieder zurück. Im Kraftpunkt zwischen der Anziehung zum Leben und der Anziehung zum Tod fand ich meine Energie wieder. In ihm also mußte ich ausharren. Er gab mir das Gefühl eines mir bisher unbekannten Lebens, in dem auch der Tod seinen Platz hatte.

Auf einmal fühlte ich, wie sich der Leib der dreifachen Witwe heiß und gierig an mich preßte. Tiefsüßes Erschrecken pflanzte sich lustvoll von meinem Bauch zum Geschlecht und zur Brust fort und dann auch meine Beine und Arme hinunter. Zwar lag ich immer noch kraftlos da, doch war ich jetzt mit meiner Ohnmacht einverstanden. Diese wurde mir lustvoll. »Ich liebe dich, und ich brauche dich«, raunte mir die Frau heiser ins Ohr und biß mich dabei mit raschen, kleinen Bissen. Ihr Leib umhüllte und durchdrang mich und zog mich in sich ein. Rieselnde Springbrunnen empfingen mich. Von allen Seiten umfaßte und umsaugte und umkitzelte es mich. Sanfte Stärke konzentrierte sich in meiner Mitte und drängte noch tiefer in den großen Schoß, der sich mir entgegenbog und dann lockend zurückzog. Das Weib und ich verschmolzen zu inniger

Einheit. Unsere Bewegungen wurden durch uralte Weisheit in gemeinsame Rhythmen gelenkt. Nun war ich in der Weltmitte, wo alles eins wird.

Kurz vor der schöpferischen Explosion, in der sich das Magma des Zentrums nach allen Seiten in die Welt hinausschleudert, rang ich nach Atem. Wie ein enger werdender Ring umschloß mich auf einmal tief finstere Nacht. War es das Fieber, das mich wieder wie mit einer Zange packte und das Leben nahe beim Gipfel absterben ließ? War es der böse Geist des Weibes, der mich in die Höhle der Lust gelockt hatte, um mich Schutzlosen hier zu vernichten? Oder drängte mich mein eigener böser Geist in die Zerstörung, indem er mir vorgaukelte, nur im Rückzug mein nacktes Leben retten zu können? Todesschatten senkten sich über mich. Dieses Ende hatte ich vorausgeahnt. Trostlose Traurigkeit überwältigte mich, als ich mich an meine Freundin zu Hause erinnerte. Also mußte ich sterben, bevor ich richtig mit ihr leben durfte. In unserem jahrelangen Hin und Her zwischen Glück und Unglück, Nähe und Ferne war das Schreckliche, in dem ich jetzt unterging, schon vorgebildet. Tausendmal hatte ich es im vorhinein gewußt, und jetzt geschah es ein für allemal. Ermattet entzog ich mich dem Weib und sank in mich selbst zurück. Der vierte folgte den dreien nach: vier Steine vor den Mauern bei den Wölfen.

Da spürte ich einen anderen Atem und einen anderen, sich an mich schmiegenden Leib, vertraut mir und verwandt. Wie, auch du teilst mein Lager? Deine starken Arme umfaßten meine Arme, deine sehnigen Beine umschlangen meine Beine, deine breit gewölbte Brust drängte sich an meine Brust, dein hartes Glied pochte an mein erschlafftes Glied. In allem waren wir gleich, und ich hatte es vergessen. Durch deine Berührung erinnerte sich mein Körper wieder an sich selbst, verdoppelt, gestärkt, gespiegelt durch dich. Die Muskeln in meinen Armen und Beinen zuckten in der neu entdeckten eigenen Kraft, meine Brust sog die Luft der Welt in sich ein und stieß sie wieder aus, mein Glied reckte sich wie damals beim Tanz unter dem Regen im Wald. Und während ich so wieder lustvoll aus mir selbst lebte, merkte ich nicht, wie du dich mir leise entzogst, nun am Rande der Matte saßest und zufrieden lächelnd der neuen Vereinigung zwischen dem Weib und mir zuschautest. Als sie und ich aus der letzten jubelnden Verschmelzung, durch die wir uns von den bösen Geistern erlösten, aufwachten, realisierte ich, daß deine Kraft meine eigene war.

Die Hochzeit, die mir not tat, hatte ich nun gefeiert. Zwei Tage noch lag ich, langsam genesend, im Schatten eines Innenhofes. Entspannt beobachtete ich einige Randszenen von der fortdauernden Hochzeit deiner Schwester. Manchmal setzte sich die Gefährtin jener gefährlichen Nacht zu mir. Jetzt verband uns die Dankbarkeit, die wir füreinander empfanden. Beide spürten wir, daß das gemeinsam Erlebte nicht wiederholbar war. Ich war für sie kein einzelner, sondern eine notwendige Figur im Spiel ihres Schicksals, die den ihr zugedachten Zug getan hatte. Auch sie war für mich keine einzelne, sondern die Frau, der standhaltend ich mich endlich hingeben konnte. So mußten wir nicht Abschied voneinander nehmen.

Du aber bliebst mein Freund und mein Begleiter. Als ich am dritten Tag nach meiner Genesung alleine hinab zur Ebene stieg, den alten Mann, der immer noch an seinem Kif-Pfeifchen sog, in der gleichen Stellung vorfand, wie wir ihn zurückgelassen hatten, und im Auto zur kleinen Stadt, wo mein Abenteuer begann, fuhr, um mit der Fähre wieder zu meinem Kontinent überzusetzen, da gingst und fuhrst du unsichtbar neben mir, mein dunkler Bruder mit dem hellen Lachen. Nie wieder sahen wir uns, mehrere Jahre lang schrieben wir uns regelmäßig, und auch jetzt noch kommt es vor, daß ich einen Gruß von dir vorfinde, oder Lust habe, dir ein Zeichen von dem zu schicken, was du in mir geweckt hast, oder was ich heute noch ab und zu von dir brauche. Dir, meiner Freundin, begegnete ich nach meiner Rückkehr mit einer Unbefangenheit, die auch dir so selbstverständlich schien, daß wir kein Wort darüber verloren. Ich verdankte sie der Frau, mit der ich im fernen Gebirge die Liebe genossen und auch dem Freund, der mich zu ihr geleitet hatte. Dein Vater war in meiner Abwesenheit gestorben.

Sechster Kreis

Trennung der Zwillinge

Meine Begleiterin wollte es sich nicht nehmen lassen, in den wichtigsten Geschäftsstraßen Londons zu flanieren, obschon sie halb blind an den Auslagen vorbeitappte. Es war ein windiger Tag, und der aufgewirbelte Staub hatte sich unter ihren Kontaktlinsen festgesetzt. Er verursachte ihr solche Schmerzen, daß sie nach fruchtlosen Versuchen, blinzelnd und weinend den Staub fortzuschwemmen, lieber auf Londons Augenfreuden als auf ihr Wohlbefinden verzichtete und sich nun, gestützt auf meinen Arm, durch zahllose optische Aufforderungen zu Kauf und Konsum ihren Weg bahnte, ohne nach links und rechts zu schauen. Als Teilnehmer einer Ausbildungsgruppe für Psychodrama befanden wir uns für eine Woche in dieser lichtarmen Großstadt, wo die zahllosen äußeren Eindrücke in mir noch keine verwandten inneren Bilder berührten und somit nur Unbehagen hervorriefen. Zu allem Überfluß machten mir nun auch meine Kontaktlinsen so höllische Schmerzen, daß ich sie nur solange in meinen Augen beließ, bis ein Taxi neben uns hielt. Noch bevor der Fahrer die hintere Türe öffnen konnte, ließ ich die heimtückischen Sichtverbesserer aus den Augen schnellen, und mit einem Seufzer der Erleichterung plumpsten wir in den Fond des Wagens.

Blind hatte ich mich bereits vor drei Stunden gefühlt, als ich Protagonist in einem Psychodrama war. Es ging im Spiel um die Kontaktaufnahme mit einer unfairen rücksichtslosen Seite meiner eigenen Persönlichkeit, die mir ab und zu von Drittpersonen vorgehalten wurde, mir selber aber nicht einsichtig war. Nun gut, ich war bereit, ein good guy zu sein, und willigte in das mir überflüssig scheinende Spiel ein. Als anderes Ich, mein unbekanntes Spiegelbild, wählte ich einen netten Mitspieler. Doch sosehr ich mich auch bemühte, in seinem Gesicht, seinen Gesten und Worten sah und hörte ich nichts von mir selbst. Er blieb mir fremd. Ich merkte, wie die anderen Gruppenmitglieder immer gereizter wurden, als wollten sie mir zurufen: »Wir sehen es doch alle, nimm endlich das Brett von den Augen und gucke hin!«

Ich guckte und guckte und sah nichts, eine peinliche, beschämende Erfahrung, die mich mißtrauisch und aggressiv machte. Und was noch schlimmer war: Ich begann mich zu langweilen. Der nette Mann, der eine Facette meiner selbst darstellen sollte, weckte in mir keinerlei Interesse. Als ich zum dritten Mal auf die Uhr schaute, brach der Leiter das Spiel ab.

Im Hotel reinigte ich gründlich meine Haftschalen und legte mich eine halbe Stunde hin. Am Abend sollte ein Empfang zu Ehren eines mir unbekannten Schweizer Cellisten stattfinden. Am Tag zuvor soll er in London ein vielbeachtetes Konzert gegeben haben. Mit meiner ebenfalls kontaktlinsengeschädigten Begleiterin war ich dazu eingeladen. »Ich habe keine Lust, heute noch mehr Menschen zu sehen«, seufzte ich, »am liebsten würde ich ins Kino gehen, wo das, was ich sehe, mich außer Geld nichts kostet.«

Während ich antriebsarm und apathisch vor mich hin dämmerte, klopfte meine Begleiterin an meine Tür und mahnte zum Aufbruch. Rasch zog ich mich um, ließ nochmals einen Tropfen Benetzungsflüssigkeit in beide Kontaktlinsen fallen, setzte diese ein, und wir machten uns auf den Weg. Am Ort angekommen wimmelte es von geladenen Gästen. Den Hauptanziehungspunkt bildete das Buffet in der Mitte des Saales, das mit köstlichen und kostspieligen Speisen sorgfältig und ordentlich aufgebaut war. In der vom Buffet am weitesten entfernten Ecke standest du alleine mit einem Glas Champagner in der linken Hand. Irgend etwas irritierte mich bei deinem Anblick. Auch du starrtest mich desorientiert an. Ein peinliches Gefühl überkam und verstimmte mich, das ich nicht deuten konnte und deshalb nicht los wurde. Dabei warst du mir nicht unsympathisch. Wie nur konnte ich mir den Fluchtreflex, der mich bei deinem Anblick befiel, erklären? Jedesmal, wenn sich unsere Blicke trafen, schien eine uns noch unbekannte Tatsache dir und mir gleichermaßen unangenehm zu sein. Doch wegrennen wollte ich nicht. So durchquerte ich rasch den Saal und stellte mich dir mit meinem Namen vor. Du tatest es mir gleich: Also du warst der Cellist, der seit kurzem im Rampenlicht stand und sich nun ebenso verloren wie ich auf dem eigenen Fest langweilte!

Ich hatte dich im einzigen Augenblick erwischt, da du an diesem Abend alleine warst. Kaum hatten wir uns gegenseitig vorgestellt, bewegten sich die Gäste mit vollen Tellern in den Händen fast alle gleichzeitig in unsere Richtung, schauten dich an, schauten mich an, zögerten, drängten mich zur Seite, drehten mir dann entschieden die Rücken zu, um sich mit dir zu unterhalten. Auch an dieser Szene irritierte mich ein Rätsel, das ich nicht lösen konnte. Du lächeltest mir entschuldigend zu, und ich blieb wie angewurzelt in deiner Nähe stehen. Neue Gäste strömten an mir vorbei zu dir hin, musterten mich im Vorübergehen scharf und, wie mich wiederum dünkte, etwas gereizt, als würden sie mir einen Vorwurf machen, dessen Inhalt sie selber nicht kannten. Verunsichert schaute ich an mir herunter: Nein, kein Flecken war auf der einzigen Krawatte, die ich im letzten Moment in die Reisetasche gestopft hatte, und meine Schuhe glänzten tadellos, hatte ich doch auf meinem heutigen Gang durch London die Turnschuhe getragen.

Meine Begleiterin tauchte plötzlich neben mir auf. »Bist du nicht hungrig?« fragte sie mich, als sie mich ohne Teller dastehen sah. Dann bemerkte sie dich, stutzte, musterte dich noch einmal und schaute dann mehrmals zwischen dir und mir hin und her. Dann stieß sie mich an und flüsterte mir ins Ohr: »Wußtest du schon, daß du einen Doppelgänger hast? Es ist kaum zu glauben, wie du und der Cellist euch ähnlich seht.«

Das also war das Rätsel, das mich nicht in Ruhe ließ! Wie nur hatte ich die Ähnlichkeit zwischen dir und mir übersehen können! War es deshalb, daß wir uns trotz einer gewissen Sympathie abstießen und gleichzeitig aneinander kleben blieben? Ähnlich war mir früher manchmal zumute, wenn ich mich im Spiegel betrachtete. – Auch dich mußte jemand im gleichen Moment auf die frappante Ähnlichkeit zwischen uns beiden aufmerksam gemacht haben, denn du lachtest mir erleichtert zu. Auch du hattest das Rätsel, unser Rätsel, gelöst.

Da ich der vielen Menschen willen, die sich um dich scharten, ohnehin nicht mehr mit dir plaudern konnte, entfernte ich mich vom Ort unserer seltsamen Begegnung und verlor dich für den Rest des Abends aus den Augen. Nachdem auch ich alles Mögliche gegessen und getrunken hatte, bestand kein Grund mehr, länger zu bleiben. Ohne mich von dir zu verabschieden, verließ ich den Ort der Einladung.

Ich befand mich gerade in einer Lebensphase, da ich mir selber in die Quere kam. Zwar lebte ich vernünftig und pragmatisch und erledigte von Tag zu Tag die mir gestellten Aufgaben. Doch das Gespür für mein Leben als Ganzes war mir unversehens entglitten. Ich glich einem Menschen, der in einem neuen Land so lebt, wie er im alten gelebt hatte, und sich nun auf Schritt und Tritt an äußeren und inneren Schwierigkeiten stößt. Meine innere Landschaft hatte sich verändert. Ich ahnte den Vorgang einer heimlichen Wandlung, doch konnte ich ihre Eigenart noch nicht verstehen.

Langjährige Bekannte begannen mich zu langweilen und neue traten nicht in meinen Horizont. Zum ersten Mal in meinem Leben stellte ich mir die »War-das-alles-Frage«. Schaute ich mich um, nahm ich nur Menschen wahr, die innerhalb vorgegebener Rahmen technokratisch ihr Leben verwalteten und denen der rahmensprengende Blick auf das Ganze fehlte. Auch die Tagespolitik, die früher regelmäßig mein Interesse erregt hatte, kam mir nun wie ein Verhängnis vor. Der Eindruck drängte sich mir auf, daß die meisten Politiker genauso wie ich blind im Innern vorgezogener Kreise agierten und den Blick auf die Systeme, die sie vertraten, verloren oder nie besessen hatten. Wer sollte da nicht Angst bekommen! Denn dunkel spürten wir wohl alle, daß uns eben das, was wir ausblendeten, gefährlich wurde. Ich kam mir wie ein Politiker vor, der sein Land zur Hauptsache ökonomisch verwaltet, ohne die furchtbaren ökologischen Probleme genügend ernst zu nehmen, die eines Tages all seine bürokratischen Bemühungen um Wirtschaftswachstum der Lächerlichkeit preisgeben und zunichte machen würden. Doch die Hartnäckigkeit meiner Blindheit setzte solche geahnten Einsichten schachmatt. Zwar gingen mir in kurzer Zeit zwei Freundschaften in die Brüche. Zwar manövrierte ich mich beruflich in einen Engpaß, aber es gelang mir nicht, den springenden Punkt zu sehen, der mir gesagt hätte: »Von hier aus mußt du dein Leben ändern!« Rilkes »Archaischer Torso Apollos« blieb mir verborgen. Daher vermochte ich mein Unbehagen nur abstrakt auszudrücken, wie ich es in diesen Zeilen wiedergegeben habe.

Drei Wochen nach der geschilderten Londoner Begegnung verbrachte ich ein Wochenende in Florenz. Im Giardino dei Boboli hinter dem Palazzo Pitti fotografierte ich gerade eine verwitterte Venusstatue, als du, mein Doppelgänger, vor mir auftauchtest. Auch du trugst eine Kamera umgehängt. Wir starrten einander an. Aus Verlegenheit und zum Scherz fotografierten wir uns gegenseitig. Doch immer noch war die Abwehr größer als der Drang, uns kennenzulernen. So filterten wir die gegenseitige Wahrnehmung durch die Linsen unserer Kameras. Wir tranken noch einen Kaffee zusammen, sprachen über unsere äußeren Lebenssituationen und trennten uns nach einer Stunde. Nach dieser zweiten Begegnung mit dir ärgerte ich mich über die verpaßte Gelegenheit.

Bereits eine Woche später fand unsere dritte zufällige Begegnung statt. Mit meiner Freundin befand ich mich bei einem Zürcher

Quartierfest, auf dem getanzt, getrunken und gegessen wurde. Es war ein gut organisiertes Fest, doch fehlte ihm jeder Schwung. Das Herdengefühl verdickte die Luft, und ich wurde immer griesgrämiger. Jegliche Verrücktheit fehlte. Ein einziges Paar sah ich wild und ausgelassen über die Tanzfläche fegen. Mich juckte es in den Beinen, es den beiden gleichzutun. Doch dann drehte ich mich meiner Freundin zu und hatte keine Lust mehr dazu.

Plötzlich standest du mit deiner Begleiterin vor uns, glücklich und außer Atem. Ihr beide also wart die herrlichen Tänzer! Diesmal blieb für Abwehr und Verlegenheit keine Zeit. Im Nu wandelte sich meine Stimmung. Ausgelassen alberte ich mit dir herum. Für unsere Begleiterinnen parodierten wir die Begegnungsszene in London. »So erbost hatte mich diese Frau angestarrt, während sie mich beiseite schob, um dich in Beschlag zu nehmen«, und ich gab ihren Gesichtsausdruck mit einer Grimasse wieder – »und so hat sie vorher zwischen dir und mir mehrmals hin und her geguckt und nahm es dir übel, daß ich nicht einmalig war«, pariertest du meinen Auftritt und übertriebst die Verwirrung der älteren Dame. Dann tauschten wir die Tänzerinnen, und es begann ein lustiges Treiben zu viert. – Auf dem Heimweg wurde mir bewußt, daß es der heiterste Abend war, den ich seit mindestens zwei Jahren verbracht hatte.

Von da an trafen wir uns regelmäßig und freuten uns, daß wir ähnliche Vorlieben und Abneigungen, ähnliche Tugenden und Sünden hatten. Welch eine lustige Zeit, mit dir als Zwilling bei Einladungen und Festen aufzukreuzen, Frauen kennenzulernen, klassische Konzerte und zwielichtige Lokale zu besuchen und stundenlang an Flüssen und durch Wälder zu wandern. Mit dir zusammen wurde ich mir selbst wieder vertrauter und verlor den Zug ins Grüblerische, der sich bei mir in den letzten Jahren herausgebildet hatte. Wo immer wir gemeinsam auftauchten, stieg die seelische Temperatur. Das gleiche menschliche Exemplar im Doppel zu sehen, beschwingte viele Menschen. Zwei und nicht nur einer zu sein, lockerte meinen Zwang zum Individualistischen. Seit ich dich kannte, nahm ich mich weniger ernst. Es gab ja noch dich, der wie ich war. Warum also dieses Theater um mich selbst?

Einerseits erlebte ich dich als Ausfächerung meiner eigenen Person und Erweiterung meines Handlungsspielraums, als Verstärkung meiner Energie und Lebenslust und spielerische Gegenüberstellung meiner selbst. Andererseits warst du Ursache meiner neuen Leichtigkeit, bewirktest du doch als Doppelgänger die Aufhebung meiner Einzigkeit. Wie immer ich unser Verhältnis auffaßte: durch Addieren als Verdoppelung meiner Person und stolze Zwei, oder durch Subtrahieren als radikale Verminderung meines Ich und befreiende Null: Seit unserer Begegnung kam ein lockerer, beweglicher, unplanmäßiger, unsystematischer Zug in mein Leben, der mich von der »War-das-alles-Frage« weg und in den gegenwärtigen Augenblick hineinführte. Mein Dasein wurde ereignishafter, spannte und entspannte sich lustvoller in den Tag hinein. Der falsche, feste Rahmen, in den ich mich jahrelang gezwängt hatte, bröckelte auf allen Seiten ab.

Mein Leben als Ganzes jedoch hatte ich immer noch nicht im Blick und Gespür, die frühere Zwanghaftigkeit war einer neuen Standpunktlosigkeit gewichen. Ich fühlte mich oberflächlich und vermißte immer noch den springenden Punkt. Dieser Mangel jedoch streifte nur gelegentlich und flüchtig meinen Geist und quälte mich nicht.

Eines Tages sprachst du mich unerwartet und salopp auf meine Freundin an. »Findest du sie nicht etwas banal? Eine nette Frau, aber ohne Saft und Sinnlichkeit. Als du sie, wie du mir erzählt hattest, in einem Plattengeschäft kennenlerntest, befandest du selbst dich noch in einer Phase braver Pflichterfüllung und eifrigen Erfolgsstrebens. Das ist jetzt vorbei. Doch mit ihr bist du immer noch zusammen.« – Diese Bemerkung traf einen wunden Punkt. Eigentlich mochte ich meine Freundin gern. Doch hatte ich in den letzten Monaten die Beziehung zu ihr fast nur noch gewohnheitsmäßig weitergeführt. Sie stellte die Verbindung zu meinem früheren, angepaßten Leben dar, und mir war nicht unwohl dabei. Wir teilten viele angenehme Gewohnheiten. Der Rahmen liebevoller Geborgenheit, den wir uns aufrecht erhielten, bedeutete zwar ein Relikt aus der Vergangenheit, und doch: Antwortete nicht auch er auf ein nach wie vor lebendiges Bedürfnis in mir? Gehörte die oft harmlos dahinplätschernde Geschichte zwischen meiner Freundin und mir, die banalen täglichen Riten, die kleine Welt ohne große Diskussionen, nicht auch zu mir? Wie kamst du dazu, diesen Teil von mir auf einmal in Frage zu stellen? Warum störte er dich und wolltest du ihn mir wegnehmen? Aus welchem Grund mischtest du dich in meine Angelegenheiten? Und tatest du nicht auch meiner Freundin unrecht?

Auf einmal öffnete sich zwischen dir und mir ein Graben. Sicher, immer noch waren wir Zwillinge, doch bemerkte ich nach und nach etwas Fremdes in dir, das mir bisher entgangen war. Hin und her gerissen zwischen dem Bedürfnis, dich heftig von mir zu stoßen, um mein Leben wie bisher weiterzuführen, und der ängstlichen Neugierde, deine Herausforderung anzunehmen, schwieg ich tagelang auf deine unerwartete Bemerkung. An einem Sonntagabend nahmst du mich in die Wohnung von Bekannten mit. In einem matten, rötlichen Licht lagen hier auf weichen Kissen etwa fünfzehn Frauen und Männer. Mein Herzschlag beschleunigte sich. Die laszive Atmosphäre hatte ich erst einmal, nämlich im Alter von etwa zwanzig Jahren, kennengelernt. Träge Sinnlichkeit, die alle wie in einen einzigen riesigen Leib hineinverschmolz, strahlte von dieser Szene aus. Ein Kitzel zitterte mir vom Hals ins Geschlecht hinab. Die Entgrenzung einer kollektiven Lust bot sich mir verführerisch an. Meine Ordentlichkeit wurde von ihr weggeschwemmt. Daß dies ein Teil deiner Welt war, hattest du mir trotz einiger gemeinsamer Eskapaden bisher verschwiegen. Jetzt waren wir wieder ganz und gar Zwillinge.

Eine dunkelhaarige, nach scharfem Schweiß und süßem Parfum riechende Frau räkelte sich vom Boden hoch und begann, sich zu den Klängen eines langsamen Blues im Zeitlupentempo zu entblößen. Bei ihrem Anblick geriet ich in schwindelige Erregung. Die Erinnerung an nie gewesene Tage, in denen es weder Schuld noch Unschuld gab und das Dasein pflanzen- und tierhaft vom Leben in den Tod und vom Tod ins Leben floß, überwältigte mich, alles Bisherige löste sich angesichts der jetzt nackten Frau im urjungen und uralten Sinnestaumel auf. Sie war meine Erlöserin, des war ich mir gewiß. Mit ihr zusammen konnte ich deine Herausforderung annehmen. Wie kleinkariert kam mir auf einmal das geregelte Glück mit meiner Freundin vor!

Noch am selben Abend schlief ich inmitten der vielen Leiber, von denen einer dir gehörte, mit der dunkelhaarigen Frau zum überklaren Rhythmus einer Fuge auf Synthesizer, die mich seither in Aufruhr versetzt, jedesmal wenn ich sie wieder höre. Die Tatsache, daß die Frau und ich nicht alleine, sondern unter vielen waren, steigerte die entgrenzte Kraft meines Rausches, unter den vielen Leibern löste sich der letzte Rest meiner anstrengenden Einmaligkeit auf.

Mit dieser Frau mußte ich mein Leben verknüpfen, um in die Welt auflösender Sinnlichkeit hineinwachsen zu können. Zwei

Monate lang traf ich sie täglich. Von meiner langjährigen Freundin trennte ich mich mit einem Gefühl von Gleichgültigkeit. Dieser Schritt war überfällig. Ihre Tränen berührten mich weniger als die Tränen mancher Frauen auf der Leinwand. Vermutlich schützte ich mich gegen alle Empfindungen, die mich zur schwächenden Distanz vom neuen Sinnesrausch gezwungen hätten. Meiner Freundin verursachte ich viel Leid, nicht nur, weil ich sie verließ, sondern mehr noch wegen der gefühllosen Art, in der ich es tat. Aber ihr Schmerz war für mich von papierener Abstraktheit. Denke ich daran zurück, erschrecke ich über meine damalige Rücksichtslosigkeit.

Ab und zu erschienst auch du bei meiner Geliebten, während ich bei ihr weilte. Dann kamst du mir wie ein liebenswerter Teufel vor, der mich wohlwollend zu dem anstachelte, was mich ohnehin kitzelte. Für meinen Beruf blieb mir nur noch wenig Energie, doch alles, was ich anpackte, ging mir mühelos von der Hand.

Ein einziger Zweifel, eine einzige Ungewißheit quälte mich von Zeit zu Zeit: Meine Geliebte wies alle Abmachungen zurück, die ich ihr vorschlug. Kaum, daß sie einwilligte, sich auf den nächsten Tag festzulegen. Auch versicherte sie mich nie ihrer Liebe, während ich nicht aufhörte, ihr meine zu beteuern. Als ich mich eines Tages darüber beklagte, antwortete sie: »Bin ich jetzt nicht ganz bei dir? Genießen wir nicht jetzt die Liebe? Sind wir nicht glücklich zusammen? Warum also dieses Fragen und Drängen?«

Die Frage nach meinem Fragen beschäftigte mich und begann, meinen fraglosen Genuß der Liebe mehr und mehr zu stören. Hatte ich kein Vertrauen zu meiner Geliebten? Was fehlte mir eigentlich?

Ich fand keine Antwort, bis ich sie an einem Abend unangemeldet besuchte und dich bei ihr fand. Ich störte euch bei der Liebe. Du gabst dich ungezwungen wie eh und je, und meine Geliebte schob zur Begrüßung ihre Hand durch mein offenes Hemd und streichelte meine Brust wie immer. Nichts hatte sich bei ihr geändert seit der Nacht, in der wir uns mitten unter den vielen Leibern geliebt hatten. Auch du bliebst dir gleich. Und doch drängte es mich, dir das Wort »Verräter« ins Gesicht zu schleudern. Zugleich wußte ich, daß du mich nicht verraten hattest, ebensowenig wie sie ein Versprechen gebrochen hatte. Trotzdem stieg Wut heiß und heftig in mir hoch. Ich sprang dich an, packte und schüttelte dich und schrie dich an: »Was tust du mir an? Was nimmst du mir weg? Bist du nicht mein Freund?«

Sanft und bestimmt löstest du meine Hände von deinen Schultern und hieltest mich im Abstand deiner ausgestreckten Arme vor dich hin: »Sie ist nicht dein Besitz. Was du heute genießt, ist heute. Hast du sie nicht genauso kennengelernt? Mit einem anderen Mann ist sie zum Fest gekommen, aber mit dir hat sie geschlafen.« – Das wußte ich nicht. Meine Wut legte sich und wich der Traurigkeit. Anfänglich hatte es auch für mich in unserer Beziehung nur Tanz der Sinne und sexuelle Lust gegeben. Nach und nach aber wuchs meine Bindung an die Geliebte: Mehr wollte ich erfahren von ihr, Anteil nehmen an ihrem Leben, Verantwortung tragen, wenn sie mich brauchte. Doch sie ging nie auf meinen Wunsch ein. So klar realisierte ich das erst in diesem Augenblick, da ich mich der Tränen nicht mehr erwehren konnte. Ebenso muß meine Freundin gefühlt und geweint haben, als ich sie verlassen hatte. »Diese Bindungslosigkeit paßt nicht zu mir«, sagte es in mir. »Meine Reaktion hat nichts mit Besitzanspruch und Lebensangst zu tun. Anders bin ich als du. Anders muß ich sein. Beides ist in mir: Sinnliches und Geistiges, Spontanes und Kontinuierliches, Augenblick und Geschichte, Freiheit und Verantwortung. Und beide Teile wollen sich in der Liebe verbinden.« Still hatte ich mich in eine Ecke zurückgezogen, während ihr euch fertig anzogt. »Eigentlich«, so sagte es in mir weiter, »eigentlich sind die beiden Teile in mir gar nicht zwei, sondern eins, der Augenblick drängt zu seiner Entfaltung in der Zeit, denn nie fühlte ich mich freier als in der Bindung an die Geliebte, und im Sinnlichen gestaltet sich der Sinn aus. So spüre ich meine Spur, so läuft mein Weg.«

Mehr Abstand brauchte ich zu dir. Zwar hattest du mir den Weg zur Sinneslust gezeigt. Zwar hatte ich durch dich Lebensfreude und Heiterkeit gefunden. Bevor ich dich kannte, hatte mir die Kraft aus den Wurzeln oft gefehlt. Doch nun mußte ich mich auf Früheres besinnen, um mich nicht in dir zu verlieren. Seltener wollte ich dich eine Zeitlang sehen. Immer noch warst du mein Zwilling und Freund, doch auch anders und fremd. – Ohne Aufhebens verabschiedete ich mich von euch beiden.

Zwei Tage später suchtest du mich zu Hause auf. Du wolltest mit mir über das Geschehene sprechen. Obschon mir die Lust dazu fehlte, verfing ich mich in einem Wortwechsel mit dir. Ich schilderte dir meine Pein und den Unterschied zwischen dir und mir. Doch noch während ich dies tat, versickerte meine Energie in den Hohlraum zwischen uns. »Kehre zu ihr zurück, und du wirst merken, wie gut sie dir immer noch tut!« drängtest du mich. »Vermutlich werde ich sie eines Tages wieder aufsuchen, doch brauche ich mehr Zeit, bis ich spüre, in welcher Weise ich ihr nach dem Geschehen begegnen muß«, antwortete ich. Du wurdest ärgerlich: »Ich habe den Eindruck, ich weiß besser als du selbst, was du brauchst.« Diese Äußerung erinnerte mich an einen ähnlichen Satz, den ich in Fes gehört hatte: »Ich weiß, was du erleben mußt.« Das war ein guter Satz gewesen. Deine Worte aber klangen mir gewalttätig im Ohr, du übtest Druck auf mich aus. Trotzdem gelang es mir nicht, mich von dir zu lösen. Ich war dir so ähnlich, daß ich auch da noch an dir kleben blieb, wo ich anders war als du. So spielte ich den Gegenpart in deinem Spiel: »Ich glaube im Gegenteil, daß auch in dir das Bedürfnis nach wirklicher Beziehung und Bindung ist. Nicht ich sollte dir, sondern du solltest mir folgen.«

Wie einen andern hörte ich mich reden. Mir war, als würdest du und nicht ich sprechen, obschon ich nur das sagte, was ich tatsächlich dachte. Ein törichtes Machtspiel hatte zwischen uns begonnen. Einige Male noch suchte ich die Geliebte auf, spürte aber dabei mehr deinen Triumph als meine Lust. Und wenn ich mich deshalb wieder vor ihr zurückzog, rücktest du mir mit den Argumenten auf den Leib, die ich längst kannte.

In dieser Zeit hatte ich einen entsetzlichen Traum: Du hocktest rittlings auf mir, der ich wehrlos auf dem Boden lag, und stießest mir senkrecht von oben ein glänzendes Messer in den Bauch. Ich zog es heraus, und während ich verblutete, erwachte ich. – An die Stelle der geschlechtlichen Vereinigung mit der Geliebten war also der Kampf auf Leben und Tod mit dir, meinem Zwilling, getreten. Ich war dir unterlegen und verlor alle meine Energie dabei.

Solange es uns zur gleichen Geliebten gezogen hatte, konnten wir nicht merken, wie sehr wir auch in der Liebe zu dieser Frau aufeinander angewiesen waren. Doch jetzt, da wir offen miteinander kämpften, wurde mir deutlich, daß wir uns nicht loslassen konnten, weil jeder den anderen zum Ausgleich eines eigenen Mangels mißbrauchte: Du brauchtest meine Schwäche, um deine Stärke erleben zu können, und ich brauchte deine Stärke, weil ich meine eigene noch zu wenig spürte. Nein, meinen Weg und meine Kraft mußte ich finden auch ohne dich. Das wußte mein Verstand, doch solange ich nicht soweit war, konnte der Machtkampf zwischen uns nicht aufhören.

An einem Wochenende im Oktober unternahmen wir mit drei anderen eine Bergwanderung. Goldiges, mildes Licht wärmte und verklärte die Landschaft. Zuerst gingen wir über grüne Matten, darauf durch Wälder, durch deren gelb-rotes Laubwerk die Sonne schimmerte. Nun begann der lange Anstieg zum Gipfel, der durch Geröllhalden und dann über einen steilen, schmalen Felsweg führte. An der Spitze des kleinen Zuges ging ein Mann, auf den zwei Frauen folgten. Hinter ihnen und vor mir gingst du. Der Pfad wurde immer steiler und abschüssiger. Links von uns fiel der Fels fast senkrecht etwa hundert Meter in die Tiefe. Auf einmal packte mich der mörderische Impuls, dich den Felsen hinunterzustoßen, und ließ mich nicht mehr los. Wie, wenn ich dir von hinten nur einen kleinen, beiläufigen, doch gezielten Stoß geben würde? Die anderen würden denken, du habest einen Fehltritt getan. Niemand käme auf die Idee, ich hätte dich gestoßen. Endlich wäre ich frei. Endlich könnte ich meinen Weg gehen. Nicht länger würdest du mir im Wege sein.

Der Haß auf dich ließ keinen Raum mehr für andere Gefühle, andere Gedanken. Der Drang, dich zu vernichten, füllte alles aus. Nie wirst du mir Ruhe geben, nie werde ich Ruhe vor dir haben. Immer wirst du mich beunruhigen und bedrängen. Kämst du selbst doch endlich zur Ruhe! Und während ich von diesen zerstörerischen Gedanken überflutet wurde, fühlte ich mich einen kurzen Augenblick in deinem Leib, der zu Tal und Tode fiel. Den Kitzel des letzten lebendigen Moments spürte ich angst- und lustvoll zugleich. Heiß pochte das Blut in meinem Geschlecht. Ich lebte deinen vorweggenommenen Absturz. Er geschah jetzt mit mir. Halb blind wohl mußte ich die letzten Meter vorwärtsgetappt sein, denn ich merkte nicht, wie die vier Menschen vor mir angehalten hatten, um Kraft für ein besonders schwieriges Stück Weg zu schöpfen. Mit abwesendem Blick, den Sinn durch Mord und Tod getrübt, ging ich wie ein Roboter weiter und stieß starr in dich hinein, der du mit den anderen auf dem schmalen Pfad wartetest. Beide verloren wir das Gleichgewicht, beide ruderten wir mit den Armen, um nicht zu fallen, beide griffen wir nacheinander, um uns Halt zu geben. Ich stürzte und lag nun in einem kurzen, trügerischen Gleichgewicht mit meinem Oberkörper bis zur Bauchmitte auf dem Pfad, während mein Unterleib und meine Beine nach unten in den Abgrund zogen. Vor Entsetzen packte ich deinen linken Fuß.

Unser gemeinsamer Schrei, der mir unendlich lang zu dauern schien, alarmierte die anderen. Mit den Rücken gegen die Felswand gestemmt, bildeten sie eine dreigliedrige Kette und hielten dich zurück, während ich mich jetzt an deine beiden Füße klammerte. Dann wurde ich hochgezogen. Nach diesem lebensbedrohlichen Ereignis konnte ich nicht mehr weiterklettern. Alleine stieg ich ins Tal hinab. Fast hätte ich dich mit in den Tod gerissen. Also konnte es durch Haß und Gewalt keine Trennung von dir geben. Zusammen wären wir untergegangen. Und während ich unten alleine auf die Rückkehr der Gruppe wartete, wußte ich, daß da oben in der Felswand im Augenblick höchster Lebensgefahr der Abschied von dir vollzogen wurde und ich jetzt frei von dir war.

Gegen Abend sah ich dich mit den anderen auf mich zukommen. Mein Zwilling warst du immer noch. Doch bemerkte ich in deinem Blick, deinem Gang, deiner Ausstrahlung vieles, das ich nicht mit dir teilte. Gleichzeitig fühlte ich mich selber klar und stark als anderen und von dir Getrennten. Die Unterscheidung von dir mußte noch weiter in mir wachsen. Später, viel später, würden wir uns sicher wiederbegegnen.

SIEBTER KREIS

Wetteifernde Freundschaft

Mit Worten, an die ich mich nicht mehr erinnere, brachte ich folgende Geschichte bereits im Alter von zehn Jahren zu Papier. Die Lehrerin hatte uns Schülern das Aufsatzthema »Mein Freund« gestellt. Nur der erste Satz bleibt meinem Gedächtnis eingeprägt. Ich schrieb: »Mein Freund heißt...« und nannte deinen Vor- und Nachnamen. Ich meinte wohl, durch das Nennen deines Namens unsere Freundschaft dingfest machen zu können. Mit dieser ersten, mir noch ganz unbewußten Bemächtigung, überspielte ich meine Angst, dich zu verlieren: »So heiße ich, und so heißt du.« Indem ich unsere beiden Namen in Beziehung zueinander setzte, beschwor ich unser Miteinander: Es sollte zum verbrieften Recht werden.

Auch wußte ich noch nicht, daß du, der namenlose Freund, viele Gesichter hast, ebenso viele wie ich selber, und daß der Scheinwerfer der Liebe vom einen zum andern schwenkt, je nachdem, was ans Licht treten will. Ihm zu folgen, ist die einzige Treue. Damals, wie auch später noch oft, verwechselte ich Treue mit Besitzanspruch. Treue ist Vertrauen in dich, in welcher Gestalt du auch immer aufscheinen magst, und in die unberechenbaren Wege, auf denen du mich begleitest.

Immerhin: Schon mit zehn Jahren verstand ich, daß Freundschaft unter den unerwartetsten Umständen entstehen kann. Das war nämlich so: Vom Religionsunterricht her, den wir gemeinsam besuchten, kannten wir uns schon seit dem siebten Lebensjahr. Du warst ein eher stiller Junge, mit intensiven, braunen Augen unter dichten dunklen Brauen, immer sauber gewaschen und ordentlich gekleidet. Doch glimmte in dir mehr Temperament, als du sprühen ließest. Das erriet ich manchmal am jähen Aufblitzen deiner Augen. Und wie glockenklar du plötzlich auflachen konntest! Deine gewohnte Zurückhaltung kam nicht aus Lahmheit, sondern kontrollierter Spannung. Hättest du den Witz und die Phantasie, die zu deiner Anlage gehörten, hemmungslos gelebt, wären dir Konflikte gewiß gewesen. Immer wirktest du wie auf dem Sprung, meistens beherrschtest du dich, aber wenn es darauf ankam, sprangst du, ohne zu zögern.

Näher lernten wir uns beim Meßdienen kennen. Da wir die gleiche Körpergröße hatten, wurden wir vom Pfarrhelfer meist zusammen eingeteilt: Zunächst bei stillen Messen am Werktag, dann bei gewöhnlichen Messen am Sonntag, darauf als Kerzenträger nebeneinander im feierlichen Hochamt, später als Altarministranten, die im Amt und Hochamt nebst anderen Aufgaben dem zelebrierenden Priester die Krüglein mit Wein und Wasser zum Eingießen darzureichen hatten, und schließlich als Weihrauchministranten, zuerst nur im gewöhnlichen Amt, aber bald auch im feierlichen Hochamt. Immer agierten wir symmetrisch: Gingst du links, ging ich in gleicher Geschwindigkeit und Richtung rechts, stiegst du über die rechten Stufen zum Altar, tat ich dasselbe über die linken, bewegtest du dich zum linken Flügel der Kommunionbank, wandte ich mich zum rechten, läutetest du mit der rechten Glocke zur Wandlung von Brot und Wein in den Leib und das Blut Christi, schellte ich mit der linken.

Eigentlich müßte man annehmen, daß bei einer so symmetrischen Rollenverteilung Rivalitätskonflikte ausgeschlossen waren. Und doch: Erst feine, dann immer klarer in die Augen aller Gottesdienstbesucher springende Unterschiede zwischen deiner und meiner Rolle provozierten Beunruhigung, Groll, Eifersucht, Ansporn und Kampf. Das fing schon bei den stillen Messen an: Wer von uns beiden darf heute der rechte Ministrant sein, der im Gegensatz zum linken das schwere Meßbuch zur Verlesung des Evangeliums von der rechten zur linken Seite des Altars tragen wird – nicht ohne mit dem Buch von rechts die Altarstufen schräg hinabzusteigen, in der Mitte eine kurze Kniebeuge zu vollziehen und schließlich schräg nach links wieder den Altar zu erklimmen und hier das Buch für den Priester hinzustellen? Wer also wird dieser ehrenvoll und glücklich Beschäftigte sein, während der linke Meßdiener, sich seiner Untätigkeit schämend, mit gesenktem Haupt in der Mitte vor den Altarstufen auf ihn wartet und sich begnügen muß, mit ihm, der mit dem gewaltigen Buch herniedersteigt, vor dem Tabernakel eine Kniebeuge zu machen? Die Situation spitzte sich zu, noch während wir die Sakristei verließen und den Altarraum betraten. Wir stritten um den rechten Platz und boten somit den Gläubigen weniger das Bild unseres Strebens nach rechts zu den Schafen als nach links zu den Böcken. Auf meinen Sieg reagierte ich nicht mit Demut, sondern Triumph, und auf meine Niederlage nicht mit Ergebenheit, sondern Rachegelüsten.

Wenn wenigstens die Privilegien zwischen uns gleichmäßig verteilt gewesen wären! Nein, wer einmal hatte, dem ward immer gegeben: Nicht genug, daß der rechte Ministrant das lateinische Buch hin und her tragen durfte, er war es auch, der bei der Opferung dem Priester das Weinkännchen anbot, aus dem sich dieser kräftig bediente, während der linke nur das Kännchen mit Wasser zu bieten hatte, aus dem der Priester einen einzigen Tropfen in den Wein fallen ließ. Wer also das Rennen am Anfang machte, hatte es ganz gewonnen: Der erste blieb der erste. Mit welchem Eifer also eilte ich am frühen Morgen zur Heiligen Messe! Rasch die sakralen Gewänder übergestülpt und in die Sakristei gesprungen, um mich als erster rechts vor der Tür, die zum Altarraum führte, zu postieren. Erst nachdem ich mein Erstlingsrecht erobert hatte, entbot ich dem Zelebranten und dem Sakristan einen höflichen Gruß.

Je älter wir wurden, desto wackliger wurde die Gewißheit, der einmal eroberte rechte Platz werde vom nachkommenden, zur linken Seite verwiesenen Kameraden auch respektiert. Vor dem Privileg hörte die Genossenschaft auf. Erst am Altar waren die Rollen klar. Und so kam es immer häufiger zu einem unwürdigen Gerangel um Amt und Würde.

Die Ehre, das heilige Buch zu tragen und das Weinkännchen anzubieten, bedeutete wenig im Vergleich zum Ruhm, als rechter Ministrant das Rauchfaß schwingen zu dürfen, statt als benachteiligter Linker das Silberschiffchen mit den Weihrauchkörnern in den gefalteten Händen tragen zu müssen. Welche Genugtuung, das reich verzierte Gefäß mit den glühenden Kohlen, auf denen das exotisch duftende Harz dampfte, an langen, klirrenden Ketten mit wachsendem Schwung und Radius hin und her zu schleudern! Welch wahrhaft epiphanischer Moment, wenn ich aus dem Halbdunkel der Sakristei mit dem Rauchfaß als Attribut meines Sieges in den hell erleuchteten Altarraum hineinschritt, und du zu meiner Linken für meine glühenden Kohlen die Weihrauchkörner bereit hieltest! Doch das Gegenteil trat ebenso oft ein: Welch beschämender Auftritt, als Unterlegener dir zur Linken, mit verkrampft um den kurzen Hals des Schiffchens gekrallten Fingern, während du auf deinem Triumphzug mit großartigem Elan Wind und Wohlgeruch um dich verbreitetest.

Im Gegensatz zu niedrigeren Ämtern war die Rollenverteilung zwischen Rauchfaß- und Schiffchenträger nicht mehr uns überlassen. Aus einem unergründlichen Ratschluß unseres Pfarrhelfers war sie uns jedesmal vorherbestimmt. Dies zeigte der Ministrantenplan von Woche zu Woche schwarz auf weiß: Der rechts Eingetragene schwang das Rauchfaß, der links Vorgemerkte trug das Schiffchen. Und hier beginnt die Geschichte, die ich im Alter von zehn Jahren in einem Aufsatz niedergeschrieben hatte.

Es war an einem frischen, strahlenden Ostersonntag. Viel Familie war in der Kirche versammelt: Mutter, Vater, vier Geschwister, eine Tante, eine Großmutter und ein Großvater. Alle kamen sie hierher, um mich mit dem Rauchfaß zu bewundern. Mit bangen Zweifeln eilte ich zur Sakristei, Gott bittend, daß der Pfarrhelfer mich wenigstens heute zur Rechten eingetragen hatte und ich vor diesen einmalig vielen und wichtigen Zuschauern das Rauchfaß schwingen durfte. Ich stieß die kleine neugotische Holztüre zur Sakristei auf, drehte mich zur Rechten, wo der Ministrantenplan angeschlagen war, und erstarrte wie von einer Gottesstrafe getroffen: Mein Name war links eingetragen. Zum ersten Mal regte sich in mir die Revolte der Abhängigen gegen die Willkür der Herrschenden. Das durfte nicht sein, bloß dies eine Mal nicht. Ich war fest entschlossen, meinen Willen gegen das geschriebene Recht mit allen Mitteln durchzusetzen, wenn es sein mußte, mit Gewalt. Jetzt kamst du, mein Stein des Anstoßes, zur Sakristeitür herein. Zunächst versuchte ich es mit einer an ein großzügiges Versprechen gekoppelten Bitte: »Du, ich werde dir drei Mal, hör mir zu, die drei nächsten Male das Rauchfaß freiwillig abtreten, wenn du es mir heute, nur heute, überläßt.« Klipp und klar antwortetest du mir, daß du gar nicht daran dächtest. Die drei nächsten Male würden auch dich nicht interessieren. Heute sei wichtig. Ich wollte die Verhandlungsebene noch nicht aufgeben und rang mich zum nächsten Vorschlag durch: »Hör mal, du kennst meine einmalige Sammlung von Heiligenbildchen. Zehn darfst du dir aussuchen, die zehn schönsten, wenn du mir das Rauchfaß gibst.« Kurz blitzten deine Augen auf, doch erlagst du der Versuchung nicht. »Behalte du deine Bildchen. Ich nehme das Rauchfaß.«

Die friedliche Verhandlung war gescheitert, darüber machte ich mir keine Illusion mehr. Was blieb, war der Kampf. Ich ließ dich die glühenden Kohlen mit der Zange vom elektrischen Rechaud wegnehmen und sorgfältig ins Rauchfaß legen. Dann packte ich im Überraschungsangriff dein Genick mit der Rechten und das Rauchfaß mit der Linken. Durch meinen kühnen Einsatz stieg für dich der Preis des Rauchfasses ins Unermeßliche. Du kämpftest, als ginge es um Leben oder Tod. Als die glühenden Kohlen vom umgekippten Rauchfaß auf den Holzboden schlitterten, war auch diese Partie zu deinen Gunsten entschieden. Ich half dir, sie mit der Zange aufzupicken und wieder ins Rauchfaß zu legen. Dann begaben wir uns verschwitzt in zerknitterten Ministrantenröcken in den Hauptraum der Sakristei, wo drei Priester und neun andere Ministranten zum feierlichen Hochamt auf uns warteten. Der Sakristan ließ uns in Reih und Glied aufstellen. Dann war es soweit. »Procedamus in pace«, betete der Dekan: Laßt uns in Frieden voranschreiten.

Jetzt kam die Sekunde der Wahrheit. Nur ein plötzlicher Überfall direkt auf der Schwelle zum Altarraum konnte mir noch helfen. Wenn es mir hier gelang, das Rauchfaß an mich zu reißen, konntest du es mir nicht wieder entreißen, weil wir dann bereits im Chor vor den Augen aller Gläubigen sein würden. Wie Tell nahm ich den entscheidenden Moment zum Sprung wahr. Mit unwiderstehlichem Griff entwand ich dir das Rauchfaß, und schon befanden wir uns im festlich mit unzähligen Kerzen ausgeleuchteten Altarraum, wo wir von einem Alleluja jubelnden Kirchenchor begrüßt wurden. In der Linken trug ich noch das Schiffchen, aber in der Rechten schon das Rauchfaß. Im wachsenden Triumph meiner Siegesbegeisterung schwang ich dieses – noch heftig atmend – in einem immer großzügigeren Bogen nach vorne und hinten hinauf und hinab. In meinem Taumel trug ich der Länge der Ketten, an denen das Rauchfaß baumelte, nicht mehr Rechnung und schlug mit ihm kräftig am Boden auf. Wie bei einem kleinen Vulkanausbruch flogen die glühenden Kohlen durch die Luft und landeten weit verstreut auf dem kostbaren Teppich vor dem Altar. In wütender Verzweiflung rannte nun der Sakristan, vom Ritual nicht vorgesehen, in den Chor und kickte wie ein Stürmer beim Fußballspiel eine Kohle nach der anderen vom Teppich weg auf den Steinboden zu dessen Seiten. Dann schaute er auf, nahm drei Sätze auf uns zu, ohrfeigte mich, ohrfeigte dich, als würdest auch du für meine Tat haften, und zerrte uns beide aus dem Altarraum in die Sakristei, wo er nochmals auf uns einschlug, während draußen im Kirchenraum wieder Alleluja-Jubel anschwoll.

Wir stritten uns seither nie mehr, weder um das Rauchfaß noch um irgendein anderes Privileg. Die Spitze des Rivalitätsspiels war erreicht und gebrochen. Unsere Kraft setzten wir von nun an für gemeinsame Ziele ein. Es brauchte aber noch einige Monate, bis wir merkten, daß wir an diesem Ostertag Freunde geworden waren.

Schaue ich genau hin, so schält sich deine Gestalt nach und nach aus der Finsternis. Die Bühne ist schwarz. Der Kegel eines sehr schwachen Scheinwerfers richtet sich auf dich: Du trittst aus dem Dunkel hervor, dunkel auch du, doch meinem leidenschaftlichen Auge schon sichtbar. Ich bleibe im Schauen, und der Scheinwerfer wird etwas heller. Jetzt schließe ich meine Augen ein wenig, damit nicht zuviel Licht auf dich fällt. Nun ist es gut. Das richtige Maß an Dämmerung habe ich gefunden. Nicht zu hell und nicht zu dunkel sehe ich dich. Genug sehe ich dich, um dich nicht mit mir zu verwechseln. Genug tappe ich im Dunkeln, um dir den Raum meiner inneren Bühne öffnen zu können. Nun ist es gut. Mit dir zusammen lernte ich wetteifernde Freundschaft ohne Rivalität kennen. Es gab keinen Augenblick, in welchem unsere Beziehung nicht friedlich und glücklich verlaufen wäre. Deshalb habe ich über dich nur wenig zu erzählen. Nach einigen tastenden Ballwechseln entstand zwischen uns bald ein gemeinsamer Rhythmus. Ein wundervolles Erlebnis war das, mich stark und stärker zu fühlen, während du ebenfalls in der gleichen Steigerung stark und stärker wurdest. Fast spiegelbildlich standen wir uns gegenüber, im weiten Abstand eines Tennisplatzes. Ein großer freier Raum lag zwischen uns, doch ohne uns zu trennen. In ihm konnten sich unsere Energien im Zusammenspiel entfalten. Der Tennisplatz war das Kraftfeld, auf dem wir uns zu immer herrlicheren Spielen anspornten. Heute noch, da du seit vielen Jahren weit von mir entfernt wohnst, überkommt mich das verrückte Gefühl, daß damals der ganze Erdball durch unseren Ballwechsel zu vibrieren und zu leuchten begann.

Mit dir erfuhr ich, wie das Leben eines Freundes zu eigenem Leben werden kann: weniger durch gemeinsame Überlegungen und Gespräche, als im polaren Zusammenspiel der Kräfte beider. Von einem gewissen Punkt an vermochten wir die Unterscheidung nicht mehr zu treffen, was jeder von uns zum gemeinsamen Spiel beitrug. Zwar kannte ich deine Stärken und Schwächen, wie ich auch um die meinen wußte. Doch das zwischen uns aufblühende Spiel bestimmte so sehr unser Leben, daß uns das, was jeder einzeln einbrachte, unwichtig wurde. So nahm ich, fast ohne Worte, dein Wesen in mich auf und wurde wie du, oder genauer, zu einer Verbindung zwischen dir und dem, was ich früher gewesen war.

Ein gutes Spiel ist ein Tanz, durch den jeder in die umfassende, sich ständig wandelnde Gestalt des Spieles eingeht, zugeordnet, hineingenommen, befreit.

Daraus folgte jedoch nicht, daß uns Sieg und Niederlage gleichgültig geworden wären. Im Gegenteil, du wolltest jedes Spiel gewinnen, wie auch ich danach strebte, keines zu verlieren. Um den Freund zu bezwingen, leisteten wir den höchsten Einsatz. Hätten wir nicht nach dem Sieg getrachtet, wäre unser Spiel zur Spielerei, zum beliebigen Geplänkel verkommen. Auch das gehörte zu unserem Spiel, daß es jederzeit darauf ankam, uns ihm ganz mit Ernst zu stellen, nicht Zuschauer, sondern nur Spieler zu sein. Jeder war glücklich, wenn er gewann, und unglücklich, wenn er verlor. Doch war das Glück des Sieges und das Unglück der Niederlage eingebettet in das größere Glück der Freundschaft.

In jedem Spiel ereigneten sich kaum wahrnehmbare Umschlagpunkte, von denen jeder zu einer neuen Stufe und gemeinsamen Konstellationen führte. Mit Willenskraft konnten wir diese nicht herbeizaubern. Sie traten ein oder blieben aus. Manchmal steckten wir bei holprigen Versuchen, in einen gemeinsamen Rhythmus einzupendeln, fest. Dabei zog ich mir zweimal eine Verletzung zu, einmal eine Verstauchung und einmal eine Zerrung. Wenn aber unversehens, wie mit einem sanften Ruck, der Übergang zum Gemeinsamen geschah und die Energie im Takt des Balles zwischen uns wieder anschwoll, erlebten wir dies jedesmal wie ein Wunder. An solchen Umschlagpunkten wurden wir unserer Freundschaft am stärksten inne.

An dieses Glück gewöhnten wir uns nie. Jedesmal schien es uns neu, ein Ereignis außerhalb von Raum und Zeit, und trotzdem im Ablauf eines Spiels genau bestimmbar, eine religiöse Erfahrung – ich zögere diesen mißverständlichen Ausdruck zu gebrauchen –, in der sich Geschichtliches und Ewiges für einen Moment begegnen, als wären sie eins, oder besser, weil sie eins sind. Wenn ich mich heute daran erinnere, taucht in mir wieder die Utopie eines großen Tanzfestes der Menschheit auf. Die Umschlagpunkte zum Verbindenden, die ich mit dir erlebte, erfuhr ich später auch in größeren Kreisen, und die Sehnsucht, daß sie sich immer mehr auch in der globalen Gemeinschaft ereignen mögen, wächst in mir von Jahr zu Jahr. Im Tennisspiel mit dir wurde mir klar, daß sich Umschlagpunkte zu wirklicher Verbindung – nicht zu schwärmerischer Verschmelzung! – nur auf der Spitze unseres Einsatzes ereignen können, auch wenn dieser sie nicht bewirken kann.

Meist spielten wir lange zusammen. Manchmal verbrachten wir ganze Nachmittage auf dem Tennisplatz. Indem wir viele Stunden am Spiel blieben, stimmten wir uns auf das Gemeinsame ein, das sich nun leichter ereignen konnte. Je länger wir spielten, desto mehr verloren wir das Zeitbewußtsein. Die zur reinen Bewegung gewandelte Zeit wurde wie zeitlos und die Bewegung wie bewegungslos. Der ewige Augenblick, dessen Erfahrung ich zum ersten Mal machte, war konzentrierte Kraft und explodierende Freude.

Wenn du mit hochgereckter Gestalt und rasch niedersausendem Schwung den Ball aufschlugst und ich im Nu parierte, oder wenn ich Aufschlag hatte und du pariertest, spürte ich in der blitzschnellen Bewegung, wie sich unsere Kräfte zu einem einzigen kurzen Bewegungsablauf verschwisterten. In diesem Moment des Auf- und Rückschlags verbanden sich Angriff und Zuneigung zu fragloser Einheit. Ich griff dich an, oder du griffst mich an, ich schlug zurück, oder du schlugst zurück, und beide erlebten wir so die Wirklichkeit unserer Freundschaft.

Auch im Ringen und Raufen, durch die Berührung der angespannt wachen Körper, liebten wir es, unsere Kraft zu spüren. Ich lernte deine Reaktionen gleichzeitig mit meinen eigenen, dein Muskelspiel zugleich mit meinem eigenen kennen. In manchen Schulpausen rannten wir aufeinander zu, packten uns, rangen und zwangen uns zu Boden. Bevor ich dich kannte, kannte ich auch meinen Körper und seine Stärke kaum. Erst durch deine Kampfreaktionen auf mich wurde ich meiner gewahr und sicher. In unseren Streitereien und Spielen schwang Erotik mit. Darüber zu sprechen, kam uns nicht in den Sinn. Es hätte uns die Unbefangenheit genommen und in der Entwicklung gehemmt. Überdies glaube ich, daß es den Sinn unseres Kämpfens verfälscht hätte. Die angenehme leichte sexuelle Erregung reizte mich, den Einsatz im friedlichen Kampf zu verdoppeln. So erwachte ich zu mir selbst und zur Lust an gemeinsamen Spielen.

Achter Kreis

Tanz der Ballone

Von weitem erblickte ich dich in der Mitte des großen, länglichen Platzes des Circo Massimo in Rom, der zwischen den Hügeln des Aventin und Palatin eingebettet liegt. Zuerst nahm ich aus der Ferne nur deine dunkelgoldene Ausstrahlung wahr, mit der du mich auch heute magnetisch anzogst. Dann sah ich die Konturen deiner weichen weiblichen und kraftvollen Gestalt, schließlich auch deine von hin und her wellenden Empfindungen randvollen Augen und deine schmalen, feinen und doch kräftigen Hände. Mit einem leisen, hellen Lachen begrüßtest du mich. Zusammen mit vier anderen Freunden hattest du auf mich gewartet. Nach dem gemeinsamen Mittagessen in Trastevere waren wir hierher geschlendert, und ich hatte schnell aus meinem nahegelegenen Studentenzimmer die Gitarre geholt. Nun war ich zurück und schlug gleich die ersten Akkorde an.

Wir kannten uns seit einem Jahr. Oft, wenn wir uns trafen, sangen wir zusammen; fast nur italienische Lieder, denn ich sprach deine und du sprachst meine Muttersprache nicht. Meist sangen wir zu zweit, ab und zu auch mit anderen. Deine Stimme tönte, als wäre sie der meinen wie zugedacht. Der Zusammenklang zwischen uns war von uralter Selbstverständlichkeit. Wie ein Durstiger Wasser sucht, so suchte ich deine Stimme, und kaum trank ich sie in mich ein, mußte auch ich singen. Unsere Stimmen umschmeichelten, umschlangen und verbanden sich. Den gemeinsamen Akkord suchten wir auf den lustigen oder traurigen Wegen eines Liedes. Wenn sich unsere Melodien im Gesang voneinander lösten, die eine zur Höhe, die andere zur Tiefe strebte, war mir, als würde die Saite zwischen uns zu wachsenden Vibrationen angespannt. Trafen sie sich wieder in der Mitte einer gemeinsamen Tonfolge, dünkte mich dies wie eine Bekräftigung, daß unser Zusammensein gut und sinnvoll war.

Heute nun sangen wir gemeinsam mit den vier anderen. Von einer Melodie sprangen wir zur anderen, änderten zum Scherz Wort und Weise. Dann knüpfte ich an einen heiteren Schlager an, der im Festival von San Remo den ersten Preis gewonnen hatte, und improvisierte zur gleichen Melodie, dir zugewandt, ein kleines Liebeslied von einer Frau mit rotem Kleid und einem Mann mit hellblauer Hose, die sich so sehr liebten, daß sie wie auf Chagalls Bildern zu schweben und zu fliegen anfingen. Nun machten sich die anderen daran, in neuen Strophen auszumalen, wohin die beiden auf ihrem Schwebeflug überall hinkamen: in ein großes Vogelnest zuoberst auf dem größten aller Bäume, in die Mulde eines Tals mit sprudelnden Quellen, auf einen Stern, der im Rhythmus ihrer gemeinsamen Atemzüge funkelte. Die letzte Strophe fandest du: Sie gelangten in ein Land, das »Nirgends« hieß und schwebten nirgendwohin, so daß sie vergaßen, ob es sie überhaupt gab.

Darauf war nichts mehr zu singen. Wir hatten Lust auf einen kleinen Ortswechsel, schwangen uns auf unsere drei Roller und fuhren zur Anhöhe des Pincio, wo wir vor einem grünen Kiosk aus Holz, der als Bar diente, Espresso tranken. Es war schon spät am Nachmittag. Schräg stand die Sonne über dem gegenüberliegenden Gianicolo, so daß die Reiterstatue Garibaldis im Gegenlicht deutlich zu erkennen war. Eine traurige, sehnsüchtige Stimmung erfaßte mich. Von der Seite schaute ich dich in deinem roten Kleid an. Unsere Freundschaft war ebenso intensiv wie verschwiegen. Fühlten wir uns so nahe, weil wir uns nicht näher kamen? Befürchteten wir, durch eine Partnerschaft die Freundschaft zu verlieren? Auch die Tatsache, daß ich katholische Theologie studierte und Priester werden wollte, ließ zwischen uns alles in der Schwebe.

Die besondere Innigkeit und Wärme unserer Beziehung hatte wohl damit zu tun, daß wir aneinander keine Ansprüche stellten. Auch abgesehen vom Umstand, daß ich mich zur Ehelosigkeit des Priesters bestimmt fühlte, wären wir auf dem Boden der Alltäglichkeit wie Baudelaires »Albatros« unbeholfen gestolpert. Eine Partnerschaft zwischen uns wäre wohl bald gescheitert. Die Versprechen, die wir uns gaben, waren innerlicher Art. Unser Ort war die Luft und unsere Daseinsform das Schweben. Vor Staunen übereinander hielten wir miteinander den Atem an. Noch heute, wenn sich dein Bild in mir belebt, regt sich ein Schwall halb gebundener und halb erlöster Gefühle in meiner Brust, und Tränen steigen mir in die Augen.

Deine Stimme riß mich aus meinen Grübeleien: »Laß uns zwei Ballone kaufen«, locktest du mich. Vor uns stand ein Mann mit einem Stecken, von dem aus unzählige bunte zusammengeknüpfte Ballone schwankend zum Himmel strebten. Im lauen Wind schaukelte das luftige, vielkugelige Gebilde, und ich hätte mich nicht gewundert, wenn es seinen Träger auf einmal mit sanfter Kraft nach oben gezogen hätte. Ich erwarb dir einen roten und mir einen blauen Ballon, band beide an den Gepäckträger meiner Vespa und lud dich ein aufzusteigen. Auch die anderen besorgten sich Ballone. Einer Schar Hummeln gleich brausten wir nun auf unseren drei Rollern los. Je schneller wir fuhren, desto ausgelassener tanzten die vielfarbigen Ballone hinter uns. Einige Plätze, an denen unser Weg vorbeiführte, umfuhren wir gleich mehrere Male. So laut wir konnten schrien wir uns von Roller zu Roller zu. Unsere Stimmen wurden vom Verkehrslärm aufgeschluckt. Der Freiheit, immer lauter zu schreien, waren also keine Grenzen gesetzt. Dann fuhren wir durch das neue vornehme Viertel der EUR in Richtung des Strandes von Ostia. Seit San Paolo fuori le mura hatte ich auf die beiden anderen Roller nicht mehr geachtet, in der nun erfüllten Hoffnung, sie aus den Augen zu verlieren.

Meine Stimmung schlug um. Die Ausgelassenheit von vorhin wich der tiefen inneren Freude, mit dir unterwegs zu sein, dem gebündelten Glück im Zusammensein mit dir. Anders war dieser Umschlag, als der vor wenigen Jahren auf dem Tennisplatz erlebte. Damals, im Ereignis männlicher Freundschaft, erfuhr ich mich in der Entsprechung einer spiegelbildlichen Aktion zu zweit, in der Kraft der Verbindung zu gemeinsamem Tun. Heute dagegen fühlte ich mich mit dir von einer einzigen, uns beide einbeziehenden Bewegung getragen. Wir taten und leisteten nichts. Zur großen Bewegung, in die wir beide hineinglitten, hatte ich das Empfinden, nichts Wesentliches beizutragen. Unbeschreiblich süße Innigkeit füllte mich aus. Die Vespa fuhr und fuhr, und beide wurden wir von ihr getragen. Ebenso hätten wir auch während eines gemeinsamen anstrengenden Marsches empfunden. Rührte die neue Empfindung daher, daß du eine Frau warst und ich ein Mann war? Für uns beide, als Mann und Frau verschieden, ereignete sich der Umschlag zu größerer Entsprechung und Stimmigkeit in einer Mitte, wo selbst das eigene Tun getan wird.

An diesem Nachmittag waren wir uns auf der Mitte des Platzes, wo im antiken Rom Wagenrennen stattfanden, begegnet. Über die Mitte des Tennisplatzes aber spann sich das Netz als Zeichen des friedlichen Wettstreits, zu dem die gegnerischen Freunde viel Abstand brauchen. Es gibt wirklich, so fühlte ich während der Fahrt nach Ostia, zwei Arten von Freundschaft, zwei Arten von Liebe, in vielem sich gleich, doch in manchem verschieden, und beide waren mir wesentlich.

Je mehr wir uns dem Meer näherten, desto kräftiger wehte uns der Wind entgegen. Die Ahnung des offenen freien Horizonts wuchs, bis wir plötzlich aus dem großen Tor der sich hoch über uns verbindenden Pinienkronen in die unendliche Perspektive des Meeres fuhren, das seine blaurot golden schimmernde Abenddecke vor uns ausbreitete. Glühend berührte die Sonne den Horizont. Wir hielten an, banden die Ballone los und rannten Hand in Hand über den Sand dem Wasser zu. Hier, auf der Grenze von Festland und Meer, blieben wir stehen. Der Feuerball war dabei, ins Wasser zu tauchen. In diesem Augenblick schien mir das Leben jeder Einschränkung ledig. Sehnsucht und Erfüllung fielen in eins und waren unendlich. In dieser Stunde offenbarte sich mir das Wesen unserer Freundschaft. Seither bist du mir das Bild einer unbegrenzten Verheißung. Um dich nicht zu verlieren, will ich nicht weiter mit dir gehen, dachte ich. Mit anderen werde ich mich um die Einlösung deines großen Versprechens im begrenzten Leben von Tag zu Tag bemühen. Dich aber werde ich immer auf der sehnsüchtigen Schwelle sehen, auf der sich für einen einzigen Augenblick Versprechen und Erfüllung verbanden.

Unsere Ballone, die wir getrennt getragen hatten, knüpften wir zusammen und ließen sie fliegen. Soeben war die Sonne untergegangen. Die rote und die blaue Kugel leuchteten, nach oben schwebend und tanzend, im Sonnenlicht, solange unser Auge ihnen folgen konnte. Uns beide aber ließen sie in der rasch einbrechenden Dunkelheit zurück.

Einen Monat später verließ ich Rom, um in Lyon und Paris an meiner Dissertation zu arbeiten. Kurze Zeit danach fuhrst du in deine osteuropäische Heimat, von wo aus du nicht mehr in den Westen zurückkreisen durftest.

Zwei Jahre danach befand ich mich in Paris auf dem Heimweg von einer Bibliothek zur Rue des Ciseaux, wo ich das Atelier eines Schweizer Malers bewohnte. Im Vorübergehen sah ich gegenüber der Kirche Saint Germain des Prés das Tor zu einer Kunstgalerie weit offen stehen. Ich trat ein. Mein Blick fiel auf ein Gemälde gegenüber dem Eingang. Heiß und heftig durchzuckte mich eine Erinnerung, die mich um so schmerzlicher berührte, je glücklichere Bilder sie in mir wachrief. Das Gemälde zeigte ein dunkel bewegtes Meer und einen menschenleeren Strand und ganz oben in ätherisch goldener Helligkeit zusammengeknüpft einen roten und blauen Ballon.

Ich stürzte aus der Galerie und setzte mich zitternd auf eine Steinbank vor der Kirche Saint Germain, in Aufruhr gegen mich selbst. Welchem intellektuellen Dünkel hing ich nun schon seit zwei Jahren nach! So dicht hatte ich meinen Horizont vernagelt, daß mir nicht einmal mehr unsere große Verheißung gegenwärtig gewesen war! Unsäglicher Schmerz über einen vergessenen Verlust brach aus mir heraus. Es war mir, als würde ich den Tod eines mir seltsam nahen Fremden beweinen. War ich es, der mich vom warmen Licht abgesondert, in ein geistiges Gehäuse eingesargt, unter dem Boden der Wirklichkeit verscharrt hatte? Wo war das sehnsüchtige Schweben mit dir geblieben?

Nachdem ich mich etwas gefaßt hatte, betrat ich die Galerie zum zweiten Male. Wer hatte dieses Bild gemalt, und wie kam es hierher? Ich betrachtete die Signatur des Künstlers. Der kyrillische Schriftzug gab nicht deinen Namen wieder, das konnte ich leicht erkennen. Wie, hast du unsere Geschichte einem Malerfreund erzählt? Und doch konnte ich mich der Wahrscheinlichkeit nicht verschließen, daß du selbst dieses Bild unter fremdem Namen gemalt hattest. Stil und Farbpalette zeigten eine teilweise Ähnlichkeit mit deinen Bildern aus unserer Zeit in Rom. Aber sicher war ich mir nicht.

Die Konfrontation mit dem Bild, das unsere Geschichte im Augenblick der zentralen Begegnung wiedergab, sprengte plötzlich den Gefühlskerker, in dem ich mich isoliert hatte. Es war mir, als würde ich wieder mit dir aus dem Pinientor zum Meeresstrand hinaus und in die Weiträumigkeit des offenen Horizonts hinein tauchen. Wie viele heimliche Verletzungen hatte ich mir doch zugefügt, während ich mich dem Leben vorenthalten hatte! Hochmütig hatte ich mich vom Lebendigen getrennt, das sich fern aller intellektueller Geradlinigkeit in vielen Entsprechungen der Ereignisse und Empfindungen offenbart. Daher war meine Seele an vielen Orten auseinandergebrochen, bis sie schließlich einer durch Hitze und Witterung in unregelmäßigen Rissen geborstenen Erde glich, Ausdruck zahlloser Umschläge ins Zerstörerische. Mit einem Hauch von Glück ahnte ich, daß der gegenteilige Umschlag zu Entsprechung und Stimmigkeit auch in einem solchen verwüsteten und einsamen Land stattfinden kann. Nun wurdest du mir als eine Kraft gegenwärtig, die in der Wüste erwacht. Ich fühlte mich im Niemandsland zwischen dem Versprechen unserer Freundschaft und dem Verrat, den ich an dieser begangen hatte. In nachdenklicher Versunkenheit legte ich die zweihundert Meter von der Galerie nach Hause zurück.

Doch bald trieb es mich wieder auf die Straße. Im nahen Drugstore war ich eben daran, eine Zeitung zu kaufen, als ich deine helle Stimme hörte, die meinen Namen rief. Dann lagen wir uns in den Armen und weinten beide. Die Lebenskraft der Sehnsucht flirrte wieder wie heiße Luft in allen Fibern meines Organismus, während wir uns aneinander schmiegten. Die Vibrationen deines Körpers übertrugen sich auf meinen: sein Jubel, seine pulsierende Wärme, seine Hingabe und Rücknahme in einem. Zwischen uns lebte das gleiche wie immer, weil wir, bei allen Veränderungen, im Kern die gleichen geblieben waren.

Du löstest dich von mir und wiesest auf die kleine, gepflegte ältere Frau neben dir: »Das ist meine Mutter.« Dann redetest du in deiner Sprache zwei, drei Minuten auf sie ein. Nun setzten wir uns zu dritt ins Restaurant, das zum Drugstore gehörte. Ich erzählte dir von meiner heutigen Begegnung mit deinem Bild, dem Urbild unserer Freundschaft. Du erklärtest mir, daß du für diese Ausstellung zum ersten Mal seit deiner Abreise aus Rom in den Westen reisen durftest.

»Warum ist das Bild nicht mit deinem Namen gezeichnet?« fragte ich.

»Seit meiner Rückkehr signiere ich meine Bilder mit dem Namen meiner Mutter.«

Ich fragte dich nicht nach dem Grund. Hattest nicht auch du dich seit unserem Abschied in einer zu kleinen Welt eingeschlossen? Später gestandest du mir, daß unsere heutige Begegnung nach zwei Jahren zunehmender trauriger Einengung auch in dir den befreienden Tanz der ins Licht schwebenden Ballone wieder wachgerufen hatte. Auch du spürtest, daß uns heute nicht vergangenes Glück, sondern gegenwärtige Not in magnetischer Anziehung zusammengeführt hatte.

Mit deiner Mutter wohntest du im Hotel Bonaparte, Wand an Wand zum Atelier, in dem ich lebte. Am nächsten Tag lief dein Auslandsvisum ab. Ich begleitete dich und deine Mutter zum Flughafen. Als du durch die Zollkontrolle gingst, drehtest du dich nicht mehr um.

Neunter Kreis

Die Erde schwebt

Ein einziges Mal fühlte ich mich ohnmächtig einer inneren Todesstimme ausgeliefert, die plötzlich und dann immer wieder rief: »Ich will nicht mehr leben, nein, nicht mehr leben, nie mehr.«

Vom Augenblick an, da der alles verneinende Satz in mir rief und wirkte, lebte ich wie in einer selbstmörderischen Trance: Weder Freude noch Traurigkeit regten sich mehr in mir, mein Dasein war nur noch dumpfer Schmerz und sinnlose Last, kein Mensch erreichte mehr mein Herz, ich tat, was zu tun war, doch tat ich es wie ein toter Automat, mir selber fremd. Mein Leben verwaltete ich, ohne zu leben. Ich pflegte meine Beziehungen ohne Bezogenheit. Keine Sehnsucht trieb mich mehr in die Welt und zu mir selbst. Weder haßte noch liebte ich. Kein Ziel reizte mich oder stieß mich ab. In alle Seelenräume hinein fraß sich der Tod. Von riesigen Steppenbränden träumte ich, die sich in rasender Geschwindigkeit ausbreiteten, und von meinem toten Vater, der mich zu sich rief.

Im Rückblick nach all den Jahren erscheint mir diese Zeit unendlich lange, doch dauerte sie nur eine Woche. Am siebten Tag erwachte ich mit einer schrecklichen Beklemmung in der Brust und unerträglichen Rückenschmerzen. Vom zweiten Stockwerk tröpfelte das Wasser durch die Decke ins Schlafzimmer. Ich schaute nach: Das Expansionsgerät der Heizung war geplatzt. Etwas später wollte ich trotz der Schmerzen mit meinem Auto wegfahren, aber die Batterie war tot. Meine Frau, dank deren Liebe auch in diesen furchtbaren Tagen ich heute noch lebe, war beunruhigt und begleitete mich. An der Straßenbahnstation brach ich zusammen, stieg aber trotzdem noch in die Tram ein. Von zunehmenden Schmerzen gepeinigt, stieg ich sechs Stationen später wieder aus und fiel auf dem Trottoir zu Boden. Meine Frau bat eine Bekannte, die zufällig zur Stelle war, die Ambulanz anzurufen. Diese traf nach wenigen Minuten ein. Im Krankenhaus wurde ein Aortariß diagnostiziert, und sogleich wurde ich auf bewundernswerte Weise operiert. Am gleichen Abend begann die Nahtstelle an der Aorta zu bluten, und ich wurde noch einmal operiert.

Als ich aus dem Koma aufwachte, spürte ich bei aller Schwäche einen Lebensdrang wie nie zuvor. Gleichzeitig hockte der Tod noch übermächtig in meinem Organismus. In der nun folgenden

Zeit fühlte ich mich wie in einem Balanceakt zwischen Leben und Tod. Ich lernte die Zeichen des einen und des anderen zu erkennen, wie sich beide in den unterschiedlichsten Situationen anfühlen, welche Energien in den Tod und welche ins Leben ziehen.

Nach diesem Ereignis kamen die Angriffe des Todes etwa ein Jahr lang wie in Schüben. Monatelang verfuhr ich mich regelmäßig mit dem Auto und kam vor irgendeinem Friedhof zum Stehen. Auffällig viele Menschen mit lebensgefährlichen Krankheiten suchten mich als Psychotherapeuten auf. Ich selber litt noch an körperlichen Beschwerden und fühlte mich oft matt und kraftlos. Einmal kollidierte ich um ein Haar mit einem Unfallwagen, in dem ein Toter lag. Ein knappes Jahr nach der Operation erreichten diese Todesschübe ihren Gipfel- und Schlußpunkt, und dies geschah so:

An einem eisigen Wintertag erreichte mich der Brief einer Jugendfreundin, die ich seit über zwanzig Jahren aus den Augen verloren hatte. Teilnahmslos riß ich ihn auf und las:

»Ich weiß keinen anderen Menschen, dem ich in meiner Situation noch schreiben möchte. Mehrmals ließ ich die Freunde der vergangenen dreißig Jahre vor meinem inneren Auge Revue passieren, doch bei keinem sprang ein Funke auf mich über – außer bei dir. Wie sprühte das Leben, als wir Freunde waren! Erinnerst du dich an jene Wanderung zu einem Tessiner Dorf, wo wir schließlich ein Dutzend Menschen, die wir zufällig auf der Piazza antrafen, zum Wein in die einzige Osteria einluden? Erinnerst du dich an die alte Schnulze aus der Musicbox, zu der wir dann zu tanzen anfingen und wie die anderen es uns nachtaten? Meine Lebenslust schäumte jedesmal über, wenn ich mit dir zusammen war, und eben diese fehlt mir jetzt völlig.

Letztes Jahr habe ich meinen Mann plötzlich durch Tod verloren, und vor vier Monaten ist mein einziger Sohn mit fünfzehn Jahren bei einem Verkehrsunfall ums Leben gekommen. Seither kämpfe ich ums Überleben. Fast alles in mir will sterben. Die täglichen Verrichtungen strengen mich übermäßig an. Hebe ich die Hand, scheint mir dies ebenso überflüssig, wie wenn ich sie sinken lasse. Seit mir Mann und Sohn gestorben sind, komme auch ich mir überflüssig vor. Nur ab und zu höre ich ganz von weitem so etwas wie einen Ton, den mir das Leben zu senden scheint. Doch horche ich genauer hin, verstummt er wieder.

Ich habe die Empfindung, daß nur du mir helfen kannst, wenn

mir überhaupt noch zu helfen ist. Kein Gesicht außer deinem hat in meiner Erinnerung heute noch einen Schimmer von Licht und Freude. Wie hast du gestrahlt, als wir uns nach einer dreimonatigen Trennung zum ersten Male wiedersahen! Ich selber dagegen war noch ganz von unseren Problemen, die zur Trennung geführt hatten, besetzt. Doch du strahltest durch alle Probleme hindurch. Dein Licht war stärker als diese, und wir sind mit ihnen fertig geworden.

Ich bitte dich, komm mich besuchen! Mir fehlt die Kraft, mich in den Zug zu setzen. Wie wäre es am kommenden Wochenende?«

Diesen Brief konnte ich nicht wie andere beiseite legen. Doch hörte ich aus ihm einen Anspruch heraus, dem gerecht zu werden ich mich in meiner gegenwärtigen Lage selber zu schwach fühlte. Der spontane Impuls, zu meiner alten Freundin zu fahren, sie in die Arme zu nehmen und ihr Unglück im Zuhören zu teilen, blieb aus. Ich hatte sogar Angst davor, Angst um mich selbst. Ich redete mir ein, es mir im Moment nicht zumuten zu können, mich auch noch diesem Todessog auszusetzen: Wie soll ich denn helfen können, hilflos, wie ich mich fühle? Muß ich ihr nicht ehrlich zurückschreiben, wie es um mich steht und daß ich der Falsche bin, um sie aufzumuntern? Daß ich sie aber nach einiger Zeit, wenn es mir selber wieder bessergeht, gerne besuchen werde?

Aber durfte ich einer Verdurstenden ein Glas Wasser verweigern und sie auf später vertrösten? Immer noch rebellierte es in mir: Brauche nicht ich selber dieses Glas Wasser? Muß ich mich nicht damit bescheiden, mich eine Zeitlang nur um mich selbst zu kümmern? Sagte mir nicht kürzlich ein Freund, ich sei nicht auf der Welt, um alle glücklich zu machen?

Diese Frau jedoch war nicht eine von allen. Ich hatte mich auf sie eingelassen und war ein Stück Weg mit ihr gegangen. Das war wichtiger als die Tatsache, daß ich sie einmal geliebt hatte. Beansprucht nicht auch ich in Krisen manchmal den Beistand alter Freunde? Nein, es half nichts, ich mußte fahren.

Sie empfing mich in einem zu wenig geheizten Haus, wo ich bald zu frösteln anfing. Haar, Haut und Augen waren ihr stumpf geworden. Doch merkte ich, daß sie viel getan hatte, um sich für unsere Begegnung zu schminken und hübsch zu kleiden. Die schönen, hellen, mit diskretem Geschmack eingerichteten Räume muteten wie ein schmerzlicher Hinweis an, wie ihr Leben wieder sein müßte, damit es für sie von neuem lebenswert würde. Wenn du nicht so schön, hell und offen wie die Räume bist, in denen du, jetzt ohne Mann und Sohn, lebst, paßt die Welt nicht mehr zu dir und du nicht mehr zu ihr. Zwischen dir und der Welt, in der du lebst, fehlt die Verbindung. Auf diese Weise wohl sprachen diese Räume zu ihr.

»Willst du nicht umziehen?« fragte ich sie noch im Stehen. »Wie sonst kannst du deine Lebenskraft wiederentdecken?«

Meine Frage schien sie zu bedrücken. »Setz dich«, bat sie mich, und fügte entschuldigend hinzu: »Ich habe mir diese Frage noch gar nicht gestellt.« Froh, den Ansatz zu einer Hilfestellung gefunden zu haben, beharrte ich auf meiner Frage, nachdem ich mich in einen Polstersessel hatte sinken lassen: »Dieses Haus ist wunderschön, aber es ist für dich zu einem Mausoleum geworden. Mit Toten kann man nicht leben. Lieber ein neuer leerer Raum als einer, der mit vergangenem Leben gefüllt ist. Willst du wirklich nicht umziehen?«

Sie schwieg. Daher fuhr ich fort, ihr die Notwendigkeit eines Wohnungswechsels weiter zu erläutern. Als sie immer noch schwieg, fragte ich sie etwas ungeduldig: »Was hältst du davon? Versuch doch bitte, dich mit meinem Vorschlag auseinanderzusetzen.«

Matt deutete sie ein Kopfschütteln an. Allmählich breitete sich bleierne Lähmung in mir aus. Auf einmal schauderte mich. Eben diesen Todessog wollte ich doch vermeiden. Hatte ich nicht im voraus geahnt, daß ich ihr nicht helfen konnte? Wäre ich nur nicht gegen mein besseres Wissen zu ihr gefahren! Nun zogen wir uns gegenseitig hinab.

Ich sah keinen anderen Weg, unser schweres Schweigen zu brechen, als von meiner Operation und dem Balanceakt zwischen Leben und Tod, den ich seit einem Jahr vollführte, zu erzählen, als versteckte Rechtfertigung für mein Versagen als Helfer.

Zum ersten Male belebte sich ihre Stimme ein wenig: »Es ist gut, daß du mir davon erzählst. Ich habe nicht begriffen, warum du mich mit Ratschlägen überhäuftest, noch ehe du dich gesetzt hast.«

Dann schwiegen wir wieder. Unser Zwiegespräch hatte nur einen kurzen Aufschub des unausweichlichen Mißerfolgs unserer Begegnung bewirkt. Ich fuhr fort, mich zu quälen: »Sie kann nicht anders, als das gleiche wie früher von mir zu erwarten: Anregungen und ansteckende Impulse, wie ich sie damals geben konnte. Jetzt sitzen wir im gleichen Sumpf. Eigentlich sollte ich gleich aufstehen und mich verabschieden.«

Doch dazu war ich nicht mehr imstande. Meine Gefühle der Hilflosigkeit und Lähmung wurden übermächtig. Ich erinnerte mich an jenen Abend in meiner Kindheit, als ich viele Stunden mit einem um drei Jahre älteren Freund verbracht hatte, der sich aus Liebeskummer und verletztem Stolz umbringen wollte. Damals ging wenigstens noch eine ansteckende Kraft von mir aus, auch wenn ich nicht um sie wußte. Heute aber stecken wir uns gegenseitig mit dem Tod an, warf ich mir vor.

So blieb ich auch diesmal gegen meinen Willen, oder besser, ohne meinen Willen. Die Zeit wurde wie Gummi. Zäh dehnte sie sich in uns beiden aus, die wir zwar zusammen waren, uns aber nicht helfen konnten. Immer konfuser wurde mir zumute. Schlief oder wachte ich? Hattest du oder ich Mann und Sohn verloren? Ich fühlte mich aufgeweicht und in eine ununterschiedene Masse eingeknetet, die mein eigenes Denken und Wollen auflöste. Ich blieb und blieb, und mein Bleiben wurde von einer grauenhaften und ewigen Selbstverständlichkeit: Von hier komme ich nie mehr los!

Meine Lähmung im alles fressenden Chaos schritt unaufhaltsam vorwärts. Doch nun begann etwas Merkwürdiges, das ich gar nicht fassen konnte, so ungewohnt war es: Es wurde mir auf einmal gleichgültig, was mit mir geschah, ob ich hier oder anderswo war, ob es dir oder mir schlechter oder besser ging, ob die furchtbare Schicksalsschwere uns weiterhin drückte. Es wurde mir gleichgültig, ob du in diesem Haus weiterhin wohnen oder in eine neue Wohnung umziehen würdest, und allgemein, ob ich dir und mir zu helfen vermochte.

Doch bedenke ich es richtig, war es keine Gleichgültigkeit, die ich empfand. Das unerwartete Wort Leichtigkeit trifft meinen Stimmungsumschlag an jenem Tag besser: Bei all dem Schweren, das in dein und mein Leben eingebrochen war, wurde mir auf einmal leicht ums Herz, und ich fühlte mich nicht mehr gelähmt.

Ein weiteres, noch absurderes Wort drängt sich mir auf, wenn ich mich in meine damalige neue Stimmung hineinversetze: ich schwebte. Darunter verstehe ich nicht Leichtsinn und Flucht vor meiner und deiner Last. Nach wie vor nahm ich diese ernst, ja, ernster als zuvor, weil ich mich nicht mehr gegen sie sträubte. Ich schwebte, weil ich dich seit meiner Ankunft zum ersten Male richtig wahrnahm. Wie kam es, daß deine Augen, die mir noch vor kurzem stumpf schienen, auf einmal leuchteten und dein Körper wie durch ein Wunder zu blühen und zu duften begann? Warum erinnerte ich mich plötzlich an jene besondere Nacht, die wir im Zelt an einem Fluß verbracht hatten?

Weder Gleichgültigkeit noch Leichtigkeit noch Schweben sind die Worte, die meine Empfindung an diesem Tag auszudrücken vermögen. Ich wurde nicht gleichgültig, doch frei von Rebellion gegen die Last, die ich trug. Diese nahm ich nicht leicht, aber sie wurde mir auf einmal leicht. Ich schwebte nicht, aber die Schwere drückte mich nicht mehr zu Boden. Darin erfüllte sich mein alter Traum vom Schweben auf unerwartete Weise: Nicht zwei Ballone entschwebten der Erde, sondern der ganze Erdball schwebte zusammen mit dir und mir im All.

Ja, das war es, was ich empfand: das Einverständnis mit deiner und meiner Schwere und der Schwere überhaupt. Mit der Erde, die mir, ich zögere, das vertraute und gewichtige Wort zu verwenden, in dieser Stunde zur Mutter wurde.

Viel später erst verstand ich diesen unverständlichsten aller Umschlagpunkte in meinem Leben auf diese Weise. Meine gesundheitliche Gefährdung war nicht einfach vorbei, doch hatte sie ihre Suggestivkraft über mich verloren. Auch du saßest immer noch mit der ganzen Last deiner plötzlichen Einsamkeit vor mir. Und immer noch war ich unfähig, dir diese Last abzunehmen und einen leichten Weg zu weisen. Deine und meine Situation blieben also unverändert bestehen. Und doch war alles neu und anders. Gemeinsam hatten wir zu jenem Einverständnis gefunden, das die Religionen als Hingabe und Ergebung bezeichnen.

Nun begannst du zu erzählen: Dein Mann starb plötzlich nachts an einem Herzschlag. Wenige Stunden zuvor hattet ihr euch bitter gestritten. Du hattest ihm vorgeworfen, euren Sohn mit liebloser Strenge zu behandeln. Er hatte deinen Mangel an Prinzipien in der Erziehung getadelt. Warum war dieser Streit in solche Heftigkeit ausgeartet? Immer wieder zerbrachst du dir seither den Kopf darüber. Wahrscheinlich hatten die Härte und Kälte deines Mannes dich selber seit langem verletzt. In dieser Kränkung fühltest du dich mit deinem Sohn solidarisch.

Dieser kam wenige Monate später bei einem Mopedunfall ums Leben. Gegen den anfänglichen Widerstand deines Mannes hattest du durchgesetzt, daß dein Sohn Moped fahren durfte. Am Tode beider also fühltest du dich schuldig. Bis zu meinem Besuch konntest du dir die Erlösung von deiner vermeintlichen Schuld nur als Teilnahme an ihrem Tod vorstellen.

Drei Wochen nach unserer Begegnung erhielt ich von dir einen kurzen Brief: »Du warst da und konntest mir nicht helfen. Gerade dadurch hast du mir geholfen. Dankbar bin ich dir, daß du trotz deiner Hilflosigkeit nicht weggegangen bist. Vielleicht wolltest du es und konntest es nicht. Jedenfalls hast du, indem du bliebst, meine Last mitgetragen. Sie bleibt schwer, aber jetzt gehört sie zu mir. Ich will leben. Als ich dir meinen ersten Brief schrieb, gab ich mich noch falschen Hoffnungen hin, du würdest mich mit deiner früheren Fröhlichkeit auch diesmal anstecken. Gott sei Dank hast du es nicht versucht. Aber wahrscheinlich warst du auch dazu nicht imstande, obschon du es wolltest.«

ZEHNTER KREIS

Der Sprung

Früh wachte ich an diesem Junimorgen auf. Meine Eltern und die sechs Geschwister schliefen noch. Einige Sonnenstrahlen sickerten durch die Läden auf mein Bett. Ich öffnete Fenster und Läden, und das goldene Licht flutete verschwenderisch ins Zimmer. Ein herrlicher Frühsommertag begann. Die frische, klare Luft ließ mein Herz in freudiger Sehnsucht schneller schlagen. Rotkehlchen, Meisen, Spatzen, Amseln und sogar zwei Lerchen zwitscherten laut und klar. Die ganze Welt war im Zusammenklang. Mein Körper füllte sich mit Glück. Das Leben breitete sich vor mir aus: Unser großes Haus, der Garten mit den vielen Winkeln und Plätzen und dem zum Rasen hin offenen Pavillon, der an ihn angrenzende Buchen-, Eichen- und Ahornwald, der auf die Stadt und das wellige Land hin offene Blick: Mein Leben war daran, aufzuspringen und sich in wachsenden Kreisen auszudehnen.

Heute zitterte eine besondere Spannung in mir. Zeitiger als sonst hatte sie mich aus dem Schlaf geweckt. Bange, erwartungsvolle Unruhe mischte sich in den Frieden dieses reinen Morgens. Warum nur konnte es nicht bei den guten und freundlichen Ordnungen meiner Kindheit bleiben? Weshalb riß es mich aus der beschaulichen Sicherheit ins unsichere Wagnis hinaus? Mir war, als würde ich durch die Begrüßung dieser vertrauten Welt auch Abschied von ihr nehmen. Ein erster Riß klaffte durch mein Herz: »Bleiben will ich hier, immer bleiben, nirgends kann die Welt schöner und richtiger sein als hier.« Aber auch: »Das Unbekannte lockt mich. Ich kann ihm nicht widerstehen, auch wenn es Angst und Schrecken für mich bereithält.«

Doch dann drängte mich wehmütiges Heimweh wieder dahin zurück, wo sich mein Leben ja eigentlich immer noch abspielte. Wie heiter und klar trat mir doch meine gewohnte Welt entgegen! Wo war ich mehr bei mir als hier? Nein, dies mußte meine Welt bleiben. Konnte nicht auch ich meinen Platz in ihr finden?

Meine Mutter hatte wohl gehört, wie ich die Läden öffnete. Leise trat sie ins Zimmer, in welchem mein jüngerer Bruder noch schlief, tauchte ihren rechten Daumen in das kleine Weihwasserbecken, das neben der Tür hing, und zeichnete mit dem heiligen Wasser ein kleines Kreuz auf meine Stirn. Dann streichelte sie mit ihrer großen kühlen Hand flüchtig meine Wange, kniete sich vor mein Bett hin, in das ich mich wieder gelegt hatte, und sprach mit mir das Morgengebet.

»Du mußt dich heute mehr eilen als sonst, deine Turnstunde findet ja nicht in der Halle, sondern im Schwimmbad statt. Vergiß nicht, die Badehose und das Handtuch einzupacken!«

Die Spannung, mit der ich schon aufgewacht war, stieg plötzlich an. Um acht Uhr würde der Schwimmunterricht beginnen. Heute würden wir zum ersten Mal vom hohen Brett springen. Der Turnlehrer hatte zwar versichert: »Es ist freiwillig, wenn ihr nicht wollt, müßt ihr nicht springen.« Aber er hatte hinzugefügt: »Es wäre gut, wenn alle den Sprung wagten.«

Mehr als diese angehängte Bemerkung befahl mir mein eigener Wille: »Du mußt unbedingt springen! Da gibt es kein Pardon!«

Doch ebenso mächtig wie mein Wille war meine Angst. Schon vom kleinen Einmeterbrett war ich vor einem Jahr mit viel Zögern gesprungen. Hernach hatte ich nicht das Bedürfnis verspürt, den Sprung zu wiederholen, im Gegensatz zu Kameraden, die es nicht mehr lassen konnten, wieder und wieder in immer kühneren Bögen ins Wasserbecken zu schnellen.

In Einerkolonne standen wir Buben nun am Fuß des riesigen Sprungturms. Nur zwei hatten sich verstohlen abseits auf den kalten Steinboden gesetzt und hielten mit den Armen ihre angezogenen Knie fest umschlungen. Die Luft war frisch. Wir zitterten vor Kälte und Aufregung. Ich hatte mich ins letzte Drittel der Reihe eingeordnet. Hinter mir warteten noch sechs Buben, vor mir standen dreizehn. Eigentlich hatte ich meinen Platz nicht selber gewählt. Ohne es zu wissen, hattest du ihn auch für mich gewählt. Denn ich wollte gleich nach dir springen. Das wußte ich im selben Moment, da ich mich zum Springen entschloß. Es war notwendig, daß du den Turm vor mir besteigen würdest. Ohne dich würde ich den Mut dazu nicht aufbringen. Wärst du heute früh zur Schwimmstunde nicht erschienen, hätte ich mich zweifellos zu den beiden Aussteigern auf den Boden gesetzt.

Doch du warst da. Mit Bewunderung betrachtete ich dich von hinten: deinen breiten, kräftigen Rücken und deine Beine, deren Muskeln sich anspannten, als wollten sie gleich losschnellen. Mit meiner linken Hand tippte ich leicht an deinen Rücken und wünschte dir einen guten Morgen. Du lachtest auf und drehtest dich zu mir um. Deine hellblauen Augen blitzten verwegen. Ohne es zu wissen, warst du mein Freund. Wir unterschieden uns zu sehr voneinander, als daß wir uns viel zu sagen gehabt hätten. Du begeistertest dich ausschließlich für Sport und Spiel. Daß du mich dennoch ein wenig mochtest, wunderte mich. Oft boxtest du mich freundschaftlich in den Bauch oder schlugst mir kräftig auf die Schultern. Jedesmal lachtest du dabei. Manchmal argwöhnte ich, du würdest mich auslachen, doch jedes Urteil über andere war deinem Wesen fremd.

So gab es wenig Austausch zwischen dir und mir. Und doch benötigte ich dich dringender als jeden anderen Klassenkameraden. Als Schrittmacher meines männlichen Muts warst du mir auch heute lebenswichtig. Du würdest mir helfen, meine Feigheit zu überwinden.

Der Reihe nach begannen meine Mitschüler in kürzeren oder längeren Abständen zu springen. Unter dem Sprungturm spritzte, schäumte und wogte das Wasser. Prustend und ausgelassen schreiend kraulten die ersten bereits wieder zum Beckenrand zurück. Wie schnell das ging! Ich hatte gar keine Zeit, mich richtig aufs Springen einzustellen. Soeben war der zehnte gesprungen. In meinen Beinen hatte ich ein weich schwankendes Gefühl, als würde ich bereits auf dem wippenden Brett stehen. Mein Kopf leerte sich, und mir wurde schwindelig. Welcher verdammte Zwang treibt mich eigentlich ohne Notwendigkeit in diese gefährliche Höhe? Welch stummer Herdentrieb läßt mich Dinge tun, die ich alleine meiden würde? Noch kannst du ausscheiden, murmelte es verführerisch in mir.

Doch schon stiegst du die Metalleiter zum Sprungbrett hoch. Mit dem Gesicht an deinen Fersen klebend, kletterte ich reflexhaft hinter dir her. Wie einen Teil meiner selbst empfand ich dich. Ohne den Kontakt zu dir, der du vor mir zur Höhe strebtest, wäre ich mir wie ein tollkühner Frevler, den die Strafe gleich ereilen würde, vorgekommen. Doch mit dir zusammen wurde mein Hinaufsteigen so selbstverständlich wie der frisch duftende Morgen. Mein Platz war hier oben auf dem Fünfmeterbrett, hoch über dem Wasser und den anderen, die zu uns emporstarrten.

Vor mir strafftest und recktest du dich, und ich, in Fortsetzung einer Bewegung, die durch dich bereits im Gange war, konnte nicht anders, als es dir nachzutun. Einen Augenblick herrschte friedliche Stille, als würde die Schwerkraft aufgehoben: die weihevolle Ruhe im großen Atemholen, der Moment völliger Freiheit und Verbindung. Dann sprangst du ins Leere, während ich durch die Kraft des Schwungs, den du im Losspringen auf das elastische Brett übertragen hattest, hinauf und hinaus geschleudert wurde.

Deinen Sprung verlängerte ich nun mit meinem eigenen, schwebte in der Luft, als wäre mein Schweben ewig, schlug knapp neben dir im Wasser auf, tauchte unter, als du aufzutauchen begannst, tauchte auf, als du anfingst, zum Beckenrand zu schwimmen, schwamm hinter dir her, als du dich anschicktest, dich hochzustemmen, stemmte mich hoch und stand nun wieder schnaufend und lachend hinter dir, als gäbe es nichts Natürlicheres als den Sprung vom Fünfmeterbrett, den ich soeben zum ersten Male gewagt hatte. Und wirklich: Das Natürlichste war geschehen, und nun blieb es mir natürlich für immer.

Denn schon klettertest du von neuem den Turm hoch und zogst mich hinter dir her, sprangst und nahmst mich in deinen Sprung mit, und wieder stiegen wir hoch und sprangen, und wieder und wieder.

Irgendwann nach langer Zeit hielten wir inne, außer Atem vor Glück. Nachdem wir unsere Fassung wiedergefunden hatten, drehtest du dich stolz nach allen Seiten. Dabei bemerktest du auch mich, der hinter dir stand. Verwundert schautest du mich einen Augenblick an und fragtest: »Bist du auch gesprungen?«

Du wußtest wirklich nicht, daß du mein Freund warst.

Einen Monat später fuhr ich mit meinem Großvater für zwei Wochen in die Berge. Nach dem Tod meiner Großmutter ließ er sich gerne von mir oder einem meiner Geschwister in die Ferien begleiten. Jeden Tag nach dem Mittagessen mußte ich eine, zwei Stunden mit ihm Karten spielen. Ab und zu hatte ich ihm auf Wanderungen oder beim Pilzesuchen Gesellschaft zu leisten. Sonst konnte ich tun oder lassen, was mir beliebte.

Im Hotel befanden sich viele andere Kinder und Jugendliche. Zum ersten Mal in meinem Leben wagte ich zu tanzen und lernte am gleichen Abend die Empfindung kennen, welche die Zunge eines Mädchens in meinem Mund hervorrief. Der Großvater beobachtete mein Treiben mit mehr Wohlgefallen als Kritik und zwinkerte mir ab und zu verschmitzt zu.

Oft suchte ich mit Gleichaltrigen einen hübschen, runden See mitten im Wald zum Baden auf. Vom Einmeterbrett – leider gab es kein höheres – sprang ich mit nicht erlahmendem Schwung ins

Wasser, vor allem, wenn du, ein amerikanisches Mädchen mit Sommersprossen auf der Stupsnase, mir zuschautest. Seit meinem ersten Sprung vom Fünfmeterbrett drängte es mich, auch anderen das Glück des Springens zu vermitteln, durch aktive Ermunterung und tatkräftige Hilfe. Ich konnte es nicht lassen, andere Kinder und vor allem dich bei jeder sich bietenden Gelegenheit ins Wasser zu stoßen. Mit der Zeit wuchs meine Überzeugung, daß du dabei ebensoviel Lust verspürtest wie ich, und ließ mich durch deine Protestschreie nicht beirren. Diese faßte ich im Gegenteil als getarnte Zustimmung auf und vermehrte meine Bemühungen um dich. Unser gemeinsames Spiel mußte doch auch dir Vergnügen bereiten.

Du sprachst kein Wort Deutsch. Fasziniert hörte ich dich in einer mir ebenfalls ganz unverständlichen Sprache reden, die mir mit ihren abenteuerlichen Dehnungen und Vokalverschleifungen allergrößten Eindruck machte. Hinter allem, was du in den für mich fremden Lauten sagtest, vermutete ich tiefe Erkenntnisse und Einsicht. Die ständige Gegenwart deiner Eltern, die offensichtlich deine Gesellschaft keinen Augenblick missen wollten, verstärkte meine Gewißheit, daß du auf amerikanisch mit geradezu erwachsener Reife unerhörte, mir verborgene Wahrheiten preisgabst, jedesmal, wenn du deinen Mund öffnetest.

Als ich dir nämlich an einem Nachmittag unter den deutlich mißbilligenden Blicken deiner Eltern einmal mehr Sprungunterricht gab, indem ich dich ins Wasser stieß, schriest du mir mit heiliger Überzeugung zwei Wörter zu, nämlich »silly boy«. Ich war bezaubert. Unter der Heftigkeit deines Ausrufs mußte sich eine eindeutige Sympathiekundgebung verbergen. Da du die beiden Wörter gleich mehrmals nacheinander ausstießest, blieben sie mir im Gedächtnis haften. »Silly boy, silly boy«, so konnte nur eine Liebeserklärung klingen, für die Ohren deiner Eltern harmlos, denn diese reagierten befriedigt, für mich aber die verschlüsselte Botschaft unbegrenzter Zuneigung.

Errötetest du nicht, als du mir diese Worte wieder und wieder zuschriest? Und schwang sich dein Körper dabei nicht zu einer geradezu wilden Schönheit auf? Welch kühne Unabhängigkeit, die getarnte Liebeserklärung in Gegenwart deiner Eltern auszustoßen, denen du sonst apathisch zum Strandbad, in Konditoreien, in den Speisesaal des Hotels und auf Spaziergänge folgtest? Die Kraft, die in deinen beiden Worten zum Ausdruck kam, ließ mir keine Zweifel über die Leidenschaftlichkeit ihres Inhalts.

Sicher, ich war nicht taub für den Ärger, ja die Wut, die in ihnen mitschwangen. Doch vermochte er nur deine Eltern, nicht aber mich zu täuschen. Mündete der wiederholte spitze Vokal »i« im ersten Wort »silly« nicht in die dunkle Sinnlichkeit des offenen Vokals »o« in »boy«? Daß dieses »o« schließlich nochmals in ein kürzeres und laszives »i« mündete, fand ich witzig. Soviel Humor hattest du also! Wie genau du die Situation trafst! Hingerissen starrte ich dich mit offenem Mund an, worauf du wiederum wie zur herben Belohnung heftig »silly boy, silly boy, silly boy« riefst, dich abwandtest und zu deinen Eltern liefst.

Dein heimliches Geständnis muß dich selber überwältigt haben. Wandte sich nicht in einem der wenigen Filme, die ich bisher gesehen hatte, die Heldin ebenfalls nach der ersten Liebeserklärung weinend vom Helden ab und lief davon? Wie du war auch sie Amerikanerin. Im Film rannte der Held hinter der Heldin her, riß sie zurück, und schon lagen sich die beiden lachend und heulend in den Armen. Das war der Schluß des Films und der Anfang ihres Glücks.

Leider konnte ich es dem Filmhelden nicht gleichtun, weil du zu deinen Eltern geflüchtet warst. Zehn Jahre jünger als die Schauspielerin mußtest du Rücksicht auf deine Eltern nehmen.

Am nächsten Tag reistest du mit diesen ab. Melancholisch blieb ich mit deinen beiden Zauberworten zurück, die mir den Schlüssel zu meinem späteren Leben zu enthalten schienen. Ich fragte die anderen Kinder im Hotel nach ihrer Bedeutung, doch keines war mit der amerikanischen Sprache vertraut. Erst als ich acht Tage später nach Hause zurückkehrte, klärte mich meine Mutter auf. Als junges Mädchen hatte sie in London eine Handelsschule besucht und beherrschte seither die englische Sprache. Das wundere sie nicht, kommentierte sie, das Mädchen habe viel Vernunft an den Tag gelegt, indem es mich als verrückten Buben bezeichnet habe. Die beiden Wörter »silly boy« behielten trotz der ernüchternden Übersetzung meiner Mutter ihren leidenschaftlich verheißungsvollen Klang bei. Wohl wußte ich nun, was sie bedeuteten, doch offengestanden: heute noch halte ich sie für eine heimliche Liebeserklärung.

Seit einigen Jahren machte ich keine großen Sprünge mehr. Ich kam ins mittlere Alter. Manchmal argwöhnte ich, daß mein Temperament drauf und dran war, sich auf leisen Sohlen in die Vergangenheit fortzustehlen. Die Wandlung meiner Sprünge in bemessene Schritte nahm ich nüchtern zur Kenntnis. Wenn ich nun an einem klaren Junimorgen nach dem Erwachen die Fenster zum Garten hin öffnete, brach die Sonne weniger überschwenglich in den Raum, pfiffen die Vögel mit weniger Phantasie, sah ich die Welt etwas blaß vor mir liegen, mir nur in Grenzen zugedacht, das Gefäß meines Herzens schien mir verkleinert, die honigsüßen Gerüche der Blüten erreichten mich wie durch einen Filter, als hätte ich eine chronisch verstopfte Nase. Den Farben fehlte der Glanz der ersten Wahrnehmung.

In meiner Jugend hatte ich nicht verstehen können, wie Menschen um das vierzigste Lebensjahr – und oft noch früher – zu Opfern eines Arbeitswahns werden. Erquickt ein einziger Kuß nicht mehr als hundert Büroakten? Ist ein frischer Bocksprung nicht heilsamer als tausend müde Schritte? Oft hatte ich den Kopf über soviel Unverstand der mittleren Generation geschüttelt.

Nun ertappte ich mich im Gegenteil dabei, mit kopfschüttelnder Ratlosigkeit und distanzierter Sympathie einem jungen, dahinhüpfenden Paar nachzuschauen, als betrachtete ich im Zoo eine mir unbekannte Spezies. Das Attribut »jung« mutete mich bei solchen Gelegenheiten wie ein neuer Gattungsbegriff an. Nunmehr reiste ich behaglich und stieg in komfortablen Hotels ab. Wann hatte ich zum letzten Mal die Saiten meiner Gitarre geschlagen? Wann eine ganze Nacht durchgefeiert? Wann mit Freunden nachts im Wald ein Feuer angezündet? Wann das Zelt an einem verbotenen Ort aufgestellt? Zufrieden fühlte ich mich wohl, doch war ich glücklich?

Vorgestern hattest du mich angerufen voller Ungeduld: »Wenn du Zeit hast, möchte ich dich möglichst bald um einen Rat fragen.« Ich kannte dich erst flüchtig. Du hattest deinen Vater, einen Studienfreund von mir, zu einem Fest begleitet, bei dem auch ich eingeladen war. Ungefähr dreiundzwanzig Jahre alt warst du wohl, gut gewachsen und mit langen blonden Locken. Dein empfindsames Gesicht, auf dem alle Gemütsbewegungen wie bei einem Kind sichtbar waren, hatte mich besonders berührt. Ich beneidete meinen Freund, einen Sohn wie dich zu haben. Bei deinem Anblick war mir angenehm zumute. Am Telefon batest du mich, ein Stündchen oder zwei für dich zu erübrigen, nicht professionell, sondern als Sohn eines guten Freundes. Obschon du mich kaum kennen würdest, habest du Vertrauen in mich gefaßt. Wir vereinbarten für den folgenden Samstag einen Spaziergang um einen See nahe bei Zürich.

Als du mir die Hand zum Gruß reichtest, durchzuckte mich ein neuer Schmerz. Deine ungestüme, frische Art kam mir seltsam vertraut vor, wie ein lang vergessener und plötzlich wiedererinnerter Traum. Während wir zusammen wanderten und sprachen, brachtest du in mir einen verstummten Ton neu zum Klingen, war ich nicht einst so, wie du heute bist? Deine impulsive Art, im Sprechen und Gehen plötzlich vorwärts zu stürmen oder anzuhalten und im Stehen gestikulierend weiterzuerzählen, die Direktheit deiner Gefühlsäußerungen, das unbedingte »Du mußt mir zuhören!«, durch das du Interesse und Teilnahme wecktest, dein Alternieren im Sprechen und Schweigen, kannte ich das nicht?

Der neue Schmerz, den ich bei unserer Begrüßung empfunden hatte, nahm im Laufe dieser Begegnung mit dir zu. Am liebsten hätte ich dich am Arm gepackt und dir gestanden: »Das alles habe ich verloren. Wie arm bin ich geworden.« In Kontrast zu deinem Bild realisierte ich meine Vergänglichkeit: »Vorbei, vorbei; in dir und wahrscheinlich auch an anderen Punkten der Erde bricht mein vergangenes Leben wieder auf, in mir selber aber ist es versiegt. Während ich dich anschaue, nehme ich Abschied von mir. Wie schön, dir zu begegnen, mir noch einmal zu begegnen, und wie traurig.«

Von meinem inneren Aufruhr ließ ich mir nichts anmerken. Er betraf dich nicht. Du wolltest, daß ich dich anhörte. Du suchtest meinen Rat in einer Studienfrage. Dein jetziges Studium befriedigte dich nicht mehr, doch zögertest du, es abzubrechen und ein anderes zu beginnen. Ob du noch zwei Jahre bis zum Abschluß durchhalten und erst dann das Zweitstudium in Angriff nehmen solltest, fragtest du mich. Etwas hilflos versuchte ich von dir zu erfahren, warum du gerade mich um Rat angingst. Du antwortetest, deine Frage könnest du nur einem Menschen stellen, der sich nicht mit einem System identifiziere. Du spürest, daß ich nicht einfach mit einem Beruf, einer Weltanschauung, einer Moral identisch sei. Und vor allem spürest du meine Lebensfreude. Ich wunderte mich über den Spiegel, den du mir vorhieltest, und erinnerte mich gleichzeitig, daß ich vor fünfundzwanzig Jahren einem Priester die gleiche Begründung dafür gegeben hatte, daß ich ihn zum Beichtvater gewählt hatte.

Doch welch ein Mißverständnis, daß du gerade das in mir sahst, was ich selber bei mir vermißte: Eigenständigkeit trotz der Resignation, die sich in mir ausbreitete, Wachheit trotz meiner Dumpfheit.

Mehr noch: Welch heimtückische Umkehrung der Tatsachen, daß ich für dich eben das verkörperte, was mich gerade in dir so anzog, daß du meine Lebensfreude suchtest und ich die deine fand. Doch dann beruhigte ich mich: Warum soll ich seinen Irrtum korrigieren? Für unangenehme Offenbarungen ist es noch zu früh. Außerdem bin ich auf ihn angewiesen. Soll er doch glauben, was nicht mehr ist, damit es wieder werde.

Während ich so nachdachte, beschleunigte ich unwillkürlich meine Gangart, bis wir schließlich fast im Laufschritt durch die Schilflandschaft eilten. Meine innere Erregung steigerte sich, und du fuhrst fort, von deiner Studiensituation zu erzählen. Unsere ungewohnt schnelle Gangart schienst du nicht einmal zu bemerken; mit mir stürmtest du vorwärts, ohne daß dir etwas Ungewöhnliches aufgefallen wäre. Auf einmal bliebst du stehen und riefst erleichtert: »Ich habe die Lösung gefunden!« Und du erklärtest mir, in welcher Weise du das alte Studium, das du fortführen, mit dem neuen, das du gleich beginnen würdest, kombinieren könntest und welche Möglichkeiten sich dir durch diese Fächerverbindung eröffneten.

In diesem Augenblick entschloß ich mich, das meine für eine Freundschaft mit dir beizutragen. Zwar war ich doppelt so alt wie du! Das mochte andere befremden. Trotzdem mußten wir Freunde werden. Ich begann zu ahnen, daß nicht alles von dem, was du für mich bedeutetest, in mir selber schon tot war. Mit welcher Selbstverständlichkeit hatte ich mich doch in den Strudel deiner Lebendigkeit hineinziehen lassen! Wie leicht und kräftig mein Blut auf einmal floß! Der Schmerz über meine Vergänglichkeit, der mich soeben gequält hatte, wich einem Anflug von Hoffnung auf Erneuerung.

Wir setzten unsere Wanderung fort. Das Gespräch entfernte sich vom Thema, das dich zu mir geführt hatte. Locker erzählte ich dir Begebenheiten aus meinem Leben, die ich bisher nur wenigen mitgeteilt hatte. Wie leicht mir dies fiel, obschon wir uns, von außen gesehen, noch kaum kannten! Im gleichen lässigen Ton schildertest du deine derzeitige Lebenssituation: die Beziehung zu deinem Vater, von dessen starken Einfluß du daran warst, dich zu entfernen, und zu deiner Freundin, mit der du noch nicht zusammenziehen wolltest, deinen Alltag in der etwa hundertfünfzig Kilometer entfernten Universitätsstadt, wo du wohntest und studiertest, Sportarten, die du mit viel Einsatz betriebst, Bücher, mit denen du dich gerade auseinandersetztest.

»Ich möchte dich gerne wiedersehen«, sagte ich dir zum Schluß. Du freutest dich und warst überhaupt nicht erstaunt. Daher fuhr ich fort: »Wenn du einverstanden bist, treffen wir uns gelegentlich wieder zu einer Wanderung oder zum Schwimmen.«

»Bevor ich das nächste Mal zu meinen Eltern nach Zürich fahre, rufe ich dich an«, versprachst du.

Beim Abschied gestandest du lachend, nicht nur eine Lösung für dein Studienproblem, sondern auch mehr Lebensschwung gefunden zu haben. Dieser sei dir in letzter Zeit abhanden gekommen. Ich schaute dir nach, wie du dich schnell entferntest.

Rascher als erwartet und unter unerfreulichen Umständen hörte ich drei Wochen später von dir. Du riefst mich aus dem Krankenhaus an, wohin du nach einem Sportunfall gebracht worden warst. Beim Fußballspiel seist du heftig mit einem anderen Spieler zusammengeprallt und darauf gestürzt. Dabei habest du dir eine Gehirnerschütterung und eine Knieverletzung zugezogen.

Ich hatte gleich den Impuls, dich zu besuchen. Doch dann zögerte ich: Was wird dein Vater von mir denken, wenn er davon erfährt? Diese Frage darf mein Verhalten nicht bestimmen, sagte ich mir dann und beschloß, dich am kommenden Samstag im Krankenhaus zu besuchen. Ob dir das recht sei, fragte ich dich. Deine Freude tat mir wohl.

Still und benommen lagst du im Krankenbett. Der Anblick deiner Verletzbarkeit wühlte mich auf, hattest du doch für mich bisher das fraglos aufspringende, unverwundbare Leben verkörpert. Also hatte ich die Rollen einseitig verteilt: auf deiner Seite Jugend, Aufbruch, Kraft und Gesundheit und auf meiner Älterwerden, Energieverlust und gesundheitliche Gefährdung. So einfach lagen die Verhältnisse offensichtlich nicht.

Nun stellte sich mir das Rätsel unserer entstehenden ungewöhnlichen Freundschaft neu. Hatte ich mich bisher vor allem mit deiner Wirkung auf mich beschäftigt: mit dem Bild, das du in mir wachriefst, und der Belebung, die von dir auf mich ausging, begann ich, dich in deiner Eigenart wahrzunehmen, auch abgesehen von dem, was uns verband. Nahe berührten mich auf einmal die klaren glänzenden Augen, mit denen du mich anschautest. Drei Gefühle erwachten gleichzeitig in mir: eines Vaters für seinen Sohn, eines Mannes für seinen Freund, und auch ein wenig eines Mannes für seine Geliebte. Das Bedürfnis, dir näherzukommen, verband sich mit einfühlsamer Zurückhaltung. Du warst verletzlich. Als Jüngerer brauchtest du meine Rücksicht und deinen Freiraum. Mehr hören werde ich als reden, mehr auf dich schauen, als mich dir darstellen.

Während ich immer noch an deinem Krankenbett saß, erinnerte ich mich plötzlich an meinen französischen Professor, dem ich ebensoviel verdankte wie meinem eigenen Vater: Wie sehr mich die Gleichzeitigkeit seiner Zuneigung und Zurückhaltung berührt und nicht nur in meiner geistigen Entwicklung gefördert hatte. Wie kostbar war mir jetzt die Erinnerung an jene Freundschaft!

Beim Abschied schlugst du mir vor, gemeinsam eine mehrtägige Wanderung zu unternehmen, sobald es dir deine Gesundheit erlauben würde. Von Hütte zu Hütte wollten wir ziehen und die Route von Tag zu Tag neu bestimmen. Ich war begeistert. »Sobald wie möglich muß es sein!« unterstrichst du unsere Absicht, bevor ich dich verließ, »selbst wenn mein Knie noch nicht ganz in Ordnung ist.«

Ich erinnere mich nicht, wie viele Wochen zwischen meinem Besuch im Krankenhaus und unserer Wanderung verstrichen waren. Dein rechtes Knie tat dir tatsächlich noch ein bißchen weh. Stetig stiegen wir zur Alp hoch, die unser erstes Ziel war. Immer steiler wurde der Weg, doch du verlangsamtest deinen Schritt nicht. Deine Energie zu spüren, tat mir wohl und half mir, meiner eigenen inne zu werden. Meine Grenzen weiteten sich, und ich realisierte, daß ich sie jahrelang zu eng gesteckt hatte.

Fröhlich singend stapftest du den Pfad hoch. Unter deinen Melodien befand sich auch eine Bach-Kantate. Auf meine Frage hin erklärtest du, lange in einem Knabenchor gesungen zu haben. Auch das hatten wir gemeinsam. Ab und zu stimmte ich in dein Singen ein. Welche Lust, schwer atmend den Berg hochzusteigen und trotzdem laut zu singen! Das gemeinsame Singen knüpfte zwischen uns ein neues Band. Drei Jahre später übten wir sogar einmal durch das Telefon ein zweistimmiges Lied.

Je höher wir kamen, desto dichter hüllte uns der Nebel ein. Es herrschte kein Wanderwetter. Einmal verloren wir die Wegmarke aus den Augen und irrten eine halbe Stunde in einer steilen Geröllhalde herum. Zurück auf dem Pfad setzten wir unseren Weg fort und gelangten bald zur angezielten Berghütte, die dicht vor uns aus dem Nebel auftauchte. Hier saßen wir noch bis spät in den Abend bei einer Flasche Wein im Gespräch mit drei anderen Berggängern. Hernach im Schlafraum lauschte ich eine Weile deinen tiefen Atemzügen, bevor ich selber einschlief.

Am nächsten Morgen herrschte noch ungünstigeres Wetter als am Vortag. Zwar beteuerte uns der Hüttenwart, wir könnten den Weg über die Paßhochebene zum südlichen Tal unbedenklich einschlagen; er sei deutlich gekennzeichnet. Doch kaum befanden wir uns unterwegs, gerieten wir in ein dichtes Schneegestöber. Schritt um Schritt tasteten wir uns vorwärts und richteten unser ganzes Augenmerk darauf, den Pfad nicht aus dem Blick zu verlieren. Auf einmal fanden wir uns orientierungslos in einem Schneefeld vor. Noch behutsamer setzten wir nun einen Fuß vor den anderen, indem wir bei jedem Schritt die Festigkeit des Grundes abtasteten. Plötzlich standest du still: »Ich habe ein unsicheres Gefühl unter den Füßen. Wir sollten nicht mehr weitergehen.« Auch ich hatte gleichzeitig dasselbe gespürt.

Wir setzten uns auf die Rucksäcke und warteten ab. Nach einer Weile begannst du zu sprechen: »Ich möchte dir sagen, was für mich in einer Freundschaft das wichtigste ist: Aufrichtigkeit. Meiner ersten Freundin fühlte ich mich nicht gewachsen. Ich schwindelte ihr ab und zu Leistungen vor, etwa im Sport, die ich gar nicht erbracht hatte. Ich bin sicher, daß die Beziehung deswegen in die Brüche ging. Wenn ich mich in einer Freundschaft nicht so zeige, wie ich wirklich bin, ist sie nichts wert und kann keinen Bestand haben.«

Ich gab keine Antwort und dachte nach: Aufrichtigkeit... aufrecht eine gemeinsame Situation ins Auge fassen. Das Gegenteil wäre gemeinsame Blindheit, Unbewußtheit, sich nach unten in Niedertracht und Verrat ziehen lassen. Um uns als Männer gegenseitig aufrichten zu können und in einer aufrechten Haltung zu begegnen, brauchen wir eine wache, klare Distanz zueinander. Ohne diese würde unsere Freundschaft scheitern.

Während wir weiterhin im Schneegestöber dasaßen und warteten, sangen wir zusammen alte Schlager. Nach und nach hörte das weiße Treiben auf, und die Wolken hoben sich. Wir schauten uns um und bemerkten, daß wir uns nahe einer tiefen Gletscherspalte befanden. Es schauderte uns, als wir in die Spalte, die sich in der Finsternis verlor, hinunterspähten.

Bei guter Sicht fanden wir nun ohne Schwierigkeit den Weg wieder, der ins Tal führte. Kurz bevor wir dort ankamen, zögertest und sagtest du dann: »Ich möchte dir erklären, warum ich vorhin bei der Gletscherspalte, als wir über Freundschaft sprachen, die Aufrichtigkeit erwähnt habe. Bei unserem Altersunterschied ist es für mich wichtig, auch dir gegenüber so zu sein, wie ich bin, ohne mich mit dir zu vergleichen und dir aus einem Gefühl der Unterlegenheit heraus etwas vorzumachen. Sonst könnte ich mich mit dir nicht mehr wohlfühlen, und das wäre traurig.«

Im Tal unten beschlossen wir, des schlechten Wetters wegen die Bergwanderung abzubrechen. Lächelnd nahmst du meinen Vorschlag an, die Tage, die uns blieben, nach Italien ans Meer zu fahren. Per Anhalter gelangten wir zur Ortschaft, wo seit gestern mein Auto wartete. Noch am selben Abend fuhren wir weiter. Spät nachts erreichten wir die ligurische Küste und stellten bei Mondschein das Zelt in einer kleinen Bucht unter einem Felsen auf. Ich hatte es für alle Fälle ins Auto gepackt.

Am nächsten Morgen weckte mich die Sonne, deren Licht mich plötzlich überflutete, als du das Tuch des Zelteingangs auf beide Seiten hin hochschlugst. Breitbeinig standest du in der Badehose vor mir. »Steh auf und komm raus!« locktest du mich übermütig. Verschlafen kroch ich aus dem Zelt und zog draußen die Badehose an. Rechts von der Bucht, in der wir übernachtet hatten, ragte hoch und steil eine Felswand aus dem Meer. Ängstlich beobachtete ich, wie du sie über schmale Vorsprünge und Bänder federnd erklommst. Immer gefährlicher wurde dein Aufstieg. Hand über Hand und Fuß über Fuß klettertest du vorsichtig weiter. Ich widerstand der Versuchung dir zuzurufen, umzukehren.

In meiner Schläfrigkeit verstand ich die Absicht deiner halsbrecherischen Kletterei noch nicht. Nun machtest du auf einem kleinen Felsvorsprung etwa fünfzehn Meter senkrecht über dem Wasserspiegel halt und spähtest in die Tiefe. Auf einmal begriff ich dein Vorhaben: Du wolltest springen. Entsetzt rannte ich zur Stelle, wo dein Aufstieg begonnen hatte, als könnte ich dich dadurch bewegen, vom Springen abzusehen. Du aber winktest mir lustig zu. Dann richtetest du dich mit ausgestreckten Armen hoch auf, als wolltest du in den Himmel fliegen. Deine Konzentration stieg. Mit dem bevorstehenden Schwung und Sprung wurdest du ganz eins. Auch die Atmosphäre dieses hellen Morgens stimmte sich auf dich ein. Heiterkeit und Frieden strahltest du aus.

Plötzlich schossest du mit einem durchdringenden Jubelschrei wie ein heller Blitz aus dem dunklen Felsen hinaus, flogst lange in herrlichem Bogen und spaltetest dann das Wasser, das hoch aufspritzte. Nun herrschte Stille. Als wäre nichts geschehen, rauschte das Meer. Mein Herz klopfte zum Zerspringen. Wie, wenn du unten bliebest und nie mehr auftauchtest? Gebannt starrte ich zur Stelle deines Aufschlags. Auf einmal hörte ich ein Plätschern neben mir. Prustend und spuckend stiegst du aus dem Wasser, ein Bild jugendlich sprühender Energie.

Anders als an jenem frischen Junimorgen in meiner zu Ende gehenden Kindheit fehlte mir heute der Impuls, es dir gleichzutun. Doch taucht in mir seither oft das strahlende Bild auf, wie du hoch oben auf dem Sprung zur Tiefe warst, und jedesmal lockt es mich in ein neues Wagnis.

ELFTER KREIS

Freundschaft und Liebe

Alles, was ich erlebte, mußte ich dir erzählen, und mehr als das. Hatte zum Beispiel mein Banknachbar die kleine Blonde mit den großen Brüsten verliebt angesprochen – ich mußte es dir erzählen! Oder hatte der Lehrer in die letzte Schulstunde das falsche Buch mitgebracht – ich mußte es dir mitteilen. War zwischen mir und meinem Vater Streit ausgebrochen, welche Erleichterung, es dir anzuvertrauen. Mehr noch: Hatte ich von einer fernen Frau phantasiert, die mich heimlich liebte – ich mußte es dir als unumstößliche Tatsache in vielen Einzelheiten schildern! Hatte ich nachts von einem weisen Mann geträumt, der die Rätsel der Welt zu deuten wußte und mir in allem raten konnte – ich mußte dir Rechenschaft ablegen, wo ich ihn getroffen und welche Geheimnisse er mir verraten hatte! Ob ich nach außen oder innen schaute, beobachtete oder träumte: Ich wußte im voraus, daß ich es dir erzählen würde, und dieses Wissen gab meinem Hinausschauen und Hereinträumen eine besondere Intensität. Ohne dich, dem ich alles erzählen konnte, wäre mein Leben langweilig geworden. In allem, was ich betrachtete und erlauschte, träumte und phantasierte, warst du unsichtbar dabei.

Du selbst erzähltest viel seltener als ich, doch wenn du es tatest, war es ein großes Ereignis. Dein Atem beschleunigte und deine Haut rötete sich. Du stammeltest eine erste Andeutung, machtest eine dunkle Bemerkung, die ich nicht zu fassen vermochte. Je weniger ich verstand, desto mehr glühte ich zu wissen. Deine unbeholfene Art zu erzählen gab allem, was du mitteiltest, eine Wichtigkeit, die ich mit meinen schnellen und bunten Geschichten nie in Anspruch nehmen konnte. Die Verbindung von Drang und gleichzeitiger Hemmung machte aus jeder Begebenheit, von der du berichtetest, ein unvergeßliches Drama. Stoßweise brach es aus dir: Drei Worte, von denen du im gleichen Atemzug zwei als dem Geschehen völlig unangemessen verwarfst; dann, nach einer Pause, in der du mit dir rangst, vier Worte endlich, von denen du eines sofort als halsbrecherischen Leichtsinn des Ausdrucks verdammtest. Schließlich hing deine Geschichte unerlöst über uns, wie eine zum Platzen volle Wolke, und es kam vor, daß ich einige Tage später zum Regenmacher wurde, indem ich unbeabsichtigt, ohne den Zusammenhang herzustellen, zu unserer beider Erleichterung eine ähnliche Geschichte in reichlicheren Ergüssen zum besten gab.

Alles was ich erlebte und mehr als das, erzählte ich dir zwei Jahre lang, ein Thema jedoch blieb zwischen uns ausgespart: unsere Freundschaft. Freilich war ich mir bewußt, was mir an dir gefiel: deine Bezogenheit und Zuverlässigkeit, deine Intensität und Zurückhaltung. Doch wäre ich damals unfähig gewesen, dir die Gründe für meine Sympathie mitzuteilen. Wie schnell vergaß ich damals Menschen, denen ich mein Herz bereits bei der ersten Begegnung geöffnet hatte oder die mir das ihre aufgetan hatten. Um lieben zu können, brauchte ich das langsame, durch viele Hemmnisse erschwerte Anschwellen des Interesses und der Mitteilung. Die rasche, leichte Erfüllung dagegen zog den verfrühten Abschied nach sich. Nur der stetig durch Hindernisse wachsende Drang konnte meine verstreuten Seelenkräfte sammeln. Was mir leicht zufiel, befand und verwarf ich als zu leicht.

Mitten im Schuljahr kam ein neues Mädchen aus dem Welschland, der romanischen Schweiz, in unsere Klasse. Sie trug kurz geschnittenes schwarzes Haar und hatte für mich etwas sündig Verwegenes an sich. Ihr Geruch war der einer jungen erwachsenen Frau. Wenn sie die Hand ausstreckte, um sich zu Wort zu melden, sah ich in ihrer rechten Achselhöhle dunkles dichtes Haar. Durch den offenen Ausschnitt in der elegant geschnittenen Bluse versuchte ich, ihre kräftig knospenden Brüste zu erspähen. Sie sprach mit einem leichten französischen Tonfall; vermutlich war sie der Ursprung meiner Leidenschaft für die französische Sprache. Schwindelig und benommen saß ich tagelang in der Schulbank. Was die Lehrer erzählten, ging unverdaut durch mich, als hätte ich Durchfall.

Zu meinem Leidwesen warst du gerade krank, und ich war besessen vom Gedanken, dir endlich über das aufregende Mädchen erzählen zu können. Mit meinen schmerzlich prallen Empfindungen hielt ich es kaum mehr aus.

Endlich tauchtest du wieder in der Klasse auf und sahst von der Grippe noch blaß und mitgenommen aus. Still setztest du dich hin und packtest deine Schulsachen aus. Von schräg hinten beobachtete ich dich mit Spannung. Plötzlich, bei einer zufälligen Drehung deines Kopfes, bemerktest du sie. Dein Kopf blieb in der Drehung wie gebannt. Dann gabst du dir einen Ruck, richtetest den Kopf nach vorne und setztest dich gerade hin. Doch dauerte es keine

Minute, bis du dich ihr erneut zuwandtest, diesmal jedoch in einer beiläufigen, wie zufälligen Weise, um dich nicht zu verraten.

Dann kehrtest du dich plötzlich nach mir um. Ich saß da und schaute dir starr in die Augen, wie um dir zu sagen: »Es ist unglaublich und unerhört. Du gehst zweifellos mit mir einig.« – Von da an konnte ich mich zum ersten Mal, seit das Mädchen in die Klasse eingetreten war, wieder etwas auf den Stoff konzentrieren. Die Aussicht auf unseren bevorstehenden Austausch entlastete mich im voraus.

Du wartetest auf mich neben dem Haupttor der Schule. Zunächst fragte ich dich nach deiner überstandenen Grippe, hatte ich dich doch wegen der Ansteckungsgefahr nicht besuchen dürfen. Stumm winktest du ab. Ich sah dir an, daß du zum Thema kommen wolltest, und schwieg gespannt. »Die Bluse«, preßtest du hervor, »die Bluse!«

»Was ist mit der Bluse?« fragte ich harmlos.

»Nein, die Bluse nicht«, fuhrst du mit Mühe fort, »nicht die Bluse, die Haut – nein, die Brust!... Daß sie das darf!«

Sie durfte es und durfte noch mehr, und wir folgten hingerissen allen ihren Entwicklungen. Von Tag zu Tag wurdest du wortgewaltiger. In diesen Wochen befreite sich deine Sprache. Zwar behielt sie den heldisch angestrengten Zug, doch bahnte sie sich ihren Weg immer zielstrebiger. Unsere Beobachtungen wurden genauer: »Unter dem linken Auge hat sie ein kleines Muttermal, gefällt es dir?« – »Der Kamm, der in ihrem Haar steckt, ist vom gleichen Rot wie ihre Schuhe.« – »Ihre Stimme klingt immer ein bißchen heiser, das geht mir merkwürdig nahe.« – »In allen Fächern außer im Zeichnen ist sie mittelmäßig bis schlecht. Ob sie wohl Malerin werden will?«

Wir wußten Bescheid, wie lange sie sich mit wem unterhalten hatte, wie oft sie verspätet zum Unterricht gekommen war, bei welchem Lehrer sie am häufigsten und bei welchem sie am seltensten die Hand aufgestreckt hatte. Alle ihre Röcke und Blusen kannten wir genau, merkten uns die Wörter, die sie am meisten gebrauchte, rätselten um die Ursache eines Deutschfehlers, den sie regelmäßig machte. Wir fanden ihn aufregend, vielleicht beging sie ihn absichtlich. Ob wohl alle welschen Mädchen hübscher als Deutschschweizerinnen sind? Einmal schlichen wir ihr nach und sahen, in welchem Haus sie wohnte. Einige Tage später standen wir dort hinter einem Gebüsch Wache. Nach einer Stunde trat eine elegant gekleidete Frau mit einem kleinen Buben ins Freie. Ob sie noch andere Geschwister hatte, fragten wir uns.

Um das, was wir beobachteten, konstruierten wir viele Vermutungen und Geschichten. – Ihren Vater hatten wir noch nicht erblickt. Vielleicht war er gar tot, und die beiden Frauen führten ein freies Leben. Vielleicht hatte die Mutter einen Freund und würde deshalb auch ihrer Tochter erlauben, einen zu haben. Ob diese schon mit einem Mann geschlafen hatte? Vielleicht war die Familie aus dem Welschland hierher gezogen, weil dort dunkle Geschichten passiert waren. Vielleicht hatte sich der Vater umgebracht, weil ihm seine Frau untreu gewesen war; oder er war ihr untreu, und sie hatte ihn vor allen Nachbarn und Bekannten bloßgestellt. Oder unsere Mitschülerin hatte im Welschland einen Freund, einen viel älteren Freund, und die Eltern waren umgezogen, damit sie ihn vergaß.

Während wir beide uns Tag für Tag mit Beobachtungen und Phantasien über die neue Mitschülerin aufluden, kamen wir uns nahe wie nie zuvor. Ob die gemeinsame Verliebtheit in das verwegene Mädchen unsere Freundschaft stärkte oder ob sich diese in jener stets neue Nahrung suchte, vermag ich nicht zu entscheiden. Wahrscheinlich traf beides zu. Jedenfalls wäre meine Verliebtheit in das Mädchen früher erlahmt, hättest du mich nicht weiter dazu angestachelt, und meine Freundschaft zu dir hätte nicht diese leidenschaftliche Note bekommen, hätte uns nicht das geheimnisvolle wilde Mädchen zusammengeschweißt. Ohne dieses hättest auch du einen Teil deiner Anziehung für mich verloren, und die Verliebtheit in sie wäre ohne dich vermutlich ein kurzer, sprachloser Traum geblieben.

Zwar hatten weder du noch ich je versucht, mit dem Mädchen Kontakt anzuknüpfen. Neben ihr, der fast erwachsenen Frau, waren wir beide unreife Buben. Und doch rückte sie dank der zahllosen Beobachtungen und Phantasien, die wir uns gegenseitig mitteilten, ganz in unsere Nähe. Ich war knapp vierzehn Jahre alt. Sie war die erste Frau, die ich als Heranwachsender wirklich wahrnahm.

Fast zur gleichen Zeit verbrachte ich die Herbstferien in einem Kinderheim in den Alpen. Mit dir, der du mein Zimmergenosse warst, verband mich nur die eine Erinnerung, die wachzurufen ich nun versuchen werde.

Welch wilde, ungestüme Zeit waren diese Jahre der Pubertät!

Süße Schauer durchrieselten mich fast ständig. War das ein Prikkeln und Ziehen, ein Kribbeln und Brennen, eine ziellose und oft auch bange Lust! Bis zum Überschwappen angefüllt mit gärendem Leben stürmte ich mit ungeordneten Bewegungen irgendwohin. Wie durch roten Nebel griff ich nach allem, was mich reizte, und da dies viel war, bedeutete es für mich und meine Eltern einen schwer erträglichen Zustand. Dann wieder erlosch die Lebenslust, und ich versank in melancholische Apathie.

Eine etwa zwanzigjährige Erzieherin aus Stuttgart arbeitete im Heim. Dunkelhaarig, langgliedrig und mit braunen, warm glänzenden Augen weckte sie in mir konfuse Sehnsüchte. Überzeugt, daß sie mich nicht leiden konnte, vegetierte ich tagelang dahin. Auch die gleichaltrigen Mädchen schienen mich nicht zu mögen, denn keinen anderen Jungen neckten und quälten sie so hartnäckig wie mich. Mein Unglück wuchs von Tag zu Tag. Wäre ich doch wieder zu Hause, fort von dieser abweisenden Stuttgarterin und den gräßlichen Mädchen, dachte ich mit der Inbrunst meiner zunehmenden Verzweiflung.

An einem späten Vormittag saß ich alleine auf einer Bank im Garten des Kinderheimes und kämpfte mit den Tränen. Soeben hatte sich wieder eine ganze Schar Mädchen über mich lustig gemacht. Welch lächerlicher, unsympathischer Mensch ich doch sein mußte! Auf einmal saß die Stuttgarterin neben mir auf der Bank, nahm meine Hand und fragte mich mit weicher, sanfter Stimme: »Geht es dir nicht gut? Warum bist du traurig?« Da brach das aufgestaute Schluchzen der ganzen letzten Tage aus mir heraus. Sie ließ mich weinen und fragte dann noch einmal: »Was stimmt dich so traurig?« – »Niemand hier mag mich«, stieß ich hervor, »die Mädchen lassen mich nie in Ruhe, foppen und hänseln mich ohne Unterlaß.«

Da lachte die Stuttgarterin lieb und klar auf: »Was bist du für ein dummer Bub! Merkst du denn nicht, daß die Mädchen in dich verliebt sind? Deswegen machen sie sich ständig um dich herum zu schaffen. Keinen mögen sie so gerne wie dich. Gestern auf der Wanderung habe ich sie beobachtet. Immer waren sie hinter dir her. Und ich habe gehört, wie begeistert sie über dich schnatterten.«

Anfänglich konnte ich es nicht fassen, aber als sie es mir noch einmal erklärte, leuchtete es mir ein. Ein Stimmungsumschwung, wie ich ihn noch nicht kannte, fand in mir statt. So war das also.

Nie habe ich eine frohere Botschaft vernommen, nie hat ein schönerer Engel mir eine bessere Nachricht gebracht. Die junge Frau, die jetzt wieder meine Hand hielt, schien mir ein grenzenloses Glück zu versprechen. Alle Mädchen sind in mich verliebt. Also bin ich auf keine angewiesen: Ich darf wählen. Nun kann ich getrost erwachsen werden.

Mein wohlig glückliches Gefühl rührte sowohl von diesen Überlegungen als auch von der duftenden, warmen Gegenwart der Stuttgarterin her. Leider stand diese nun auf. Aus der Ferne winkte sie mir noch einmal zu. Wie herrlich das Leben doch war! Wie gut mir plötzlich diese Berggegend gefiel, die ich noch vor einer Viertelstunde verflucht hatte! Wie wohl fühlte ich mich auf einmal in diesem angenehmen Kinderheim! Ach, müßte ich nur nicht in sechs Tagen wieder nach Hause fahren!

Am Abend kamen mit den anderen auch die in mich verliebten Mädchen von der Wanderung zurück, an der ich in meiner Verzweiflung nicht teilgenommen hatte. Kaum sahen sie mich, begannen sie wieder, hinter vorgehaltenen Händen zu kichern. Je mehr sie mich neckten, desto stolzer richtete ich mich vor ihnen auf. Da wurden sie auf einmal still, und in der Art und Weise, wie sie mich nun anschauten, merkte ich tatsächlich, daß ich ihnen nicht gleichgültig war.

Bei Einbruch der Nacht lag ich mit dir im gemeinsamen Schlafzimmer. Um mich von meinem Unglück abzulenken, hatte ich mit dir bis zu diesem Tag viel Unfug getrieben. Zappelig vor Glück lag ich heute abend auf meinem Bett. Nur aufs Schlafen hatte ich keine Lust. Wir blödelten hin und her. Auf einmal machtest du einen gewagten Vorschlag: »Beide ziehen wir uns splitternackt aus. Ich renne als erster durch den unteren Gang vorbei an den Zimmern der Buben und dann im zweiten Stock an den Zimmern der Mädchen bis zur Wohnung der Heimleiterin. Anschließend tust du das gleiche.« – Dein Vorschlag erinnerte mich an den irren Tanz im Wald unter dem Regen vor nur zwei Monaten. Damals riskierten wir kaum, nackt überrascht zu werden. Heute aber machte eben dieses Risiko den Einsatz des geplanten Spiels aus. Noch zögerte ich. Eine Katastrophe wäre es, wenn meine Eltern davon erführen.

Trotz meiner Bedenken kitzelte mich die Lust am exhibitionistischen Wagnis. Hatte ich mich nicht eine Woche lang geschämt und versteckt?

Schon standest du nackt vor mir und drängtest mich. Mit der dir eigenen Unverfrorenheit grinstest du mich an. Recht hattest du: Wir mußten es tun! Ich grinste zurück und streifte Jacke und Hose meines Pyjamas ab. Allein wäre ich das Risiko, entdeckt zu werden, nicht eingegangen. Doch mit dir zusammen nahm ich die Herausforderung an. Der Anblick deines nackten Körpers, meinem ähnlich, machte mir Mut. Du rissest die Tür auf und flitztest los, wie damals im peitschenden Regen. Deine eiligen Schritte hallten im Flur. Mein Gott, war das Haus groß! Ich hörte, wie du die Treppe emporstürmtest und durch die oberen Gänge jagtest. Nun kehrtest du vor der Wohnung der Heimleiterin um und hetztest zurück. Keuchend standest du kurz danach vor mir: »Los! Jetzt bist du an der Reihe!«

Wäre ich nur als erster gerannt! Nun war das ganze Haus alarmiert. Doch gab ich meinen Ängsten keinen Raum und sauste los. Im gleichen Augenblick, da ich im oberen Stockwerk an der zweitletzten Tür vorbeihastete, öffnete sich diese und die Stuttgarterin trat heraus. In meinem Schrecken stand ich wie versteinert vor ihr. Dann stürzte ich verzweifelt davon. Zurück im Zimmer schlug ich die Tür zu und kroch unter die Decke. Nun war alles verloren. Ich Undankbarer! Wie liebevoll hatte sich die Stuttgarterin meiner angenommen! Wie konnte ich nur ihre Sympathie verspielen! Welche Schande, aus dem Kinderheim weggejagt zu werden!

Leise öffnete sich die Tür, und die Stuttgarterin trat ein. Mit aufgerissenen Augen muß ich sie in Erwartung des verdienten Urteils angeschaut haben: Beeile dich, damit ich es hinter mir habe! Sie setzte sich zu mir auf den Bettrand. Verständnisvoll und innig klang mir ihre Stimme im Ohr, als sie mahnte, wir sollten doch heute nacht nicht noch mehr Unsinn treiben. Als sie meinen angstvollen, schuldbewußten Blick bemerkte, fügte sie hinzu: »Sonst ist alles gut.« Unfähig zu sprechen lag ich aufgewühlt da. Der Gedanke durchschoß mich: Sicher weiß sie nicht, daß ich nackt unter der Decke liege. Doch dann, ruhiger geworden, sagte ich mir, daß das an ihrer freundlichen Einstellung wohl auch nichts mehr ändern würde.

Nun erwartete ich, daß sie aufstehen und gehen würde. Aber sie blieb sitzen und begann, mit uns zu plaudern. Ruhige Zufriedenheit nahm von mir Besitz. Ich fühlte mich sicher und stark. Irgendwann verließ sie unser Zimmer, und ich fiel in einen tiefen, glücklichen Schlaf.

ZWÖLFTER KREIS

Ferienclub der Erlöser

Elf Kreise schon hatte ich durchschritten, vielen Freunden die Hände gereicht, manche Probe bestanden. Doch nun, des langen Weges müde, bat ich dich, mir ein wenig Ruhe zu gönnen. Da erschienst du mir im Zentrum eines riesigen Planetariums und standest mir zur Seite. Über und unter uns wölbte sich der Himmel. Um uns funkelten Millionen von Sternen. Gleichwohl verlor ich mich nicht in ihnen. Richtete ich mein Auge auf eine bestimmte Konstellation, kam mir diese, sich in meiner Aufmerksamkeit vergrößernd, entgegen, und ich erblickte mir unbekannte Bilder, in denen jeder einzelne Stern seinen Platz hatte. In alle Richtungen wanderte mein Blick, und überall näherten sich mir, wie durch ein magisches Teleskop, himmlische Figuren aus Sternen.

Nun erschallte deine kräftige Stimme. Ich drehte meinen Kopf nach dir um. Du warst ein alter Mann in einem wallenden Gewand mit einem weißen Bart. »Schau weiter!« mahntest du mich. Ich schaute und erblickte am Rande eines jeden Sternbildes einen kleinen hellsprühenden Stern, einer Weihnachtskerze am Christbaum ähnlich. »Das sind die ewigen Prinzipien, Wächter der Ordnungen zum Wohle der Menschheit«, sagtest du feierlich. »Siehst du dort diesen lieblich strahlenden Funkelstern, den hellsten am Himmel? Das ist das heilige Prinzip der Liebe. Weil die Menschen ihm in ihren banalen Alltagswelten nicht gerecht werden können, fähig nur zu kleinen Liebschaften, Verliebtheiten, Vorlieben und zu kurzen Sternstunden der Liebe, habe ich ihre Sehnsucht nach grenzenloser Liebe in den Himmel fahren lassen. Hier nun leuchtet der Stern der Liebe als Sinn und Ziel ihres zu kleinen Glücks und Unglücks.«

»Und siehst du links von ihm den zuckend fackelnden Funkelstern? Das ist das geheimnisvolle Prinzip des Leidens. Weil die Menschen dazu neigen, Leiden zu meiden, habe ich am Himmel das Leiden in die Nähe der Liebe plaziert, den Menschen zur Mahnung und mir zur Freude.«

»Und siehst du auf der gegenüberliegenden Seite in der matt schimmernden Staubwolke den müdesten aller Funkelsterne? In ihm wohnt das Prinzip der sozialen Gerechtigkeit. Weil es auf Erden unmöglich zu verwirklichen ist, hängt es jetzt am Himmel, den Menschen zum Trost über ihr unvermeidliches Versagen.

Menschen, die ihm anhangen, bekämpfen manchmal den Himmel. Doch was soll's, ich bin nicht eitel: so oder so hängt es im Himmel. Daß die ewigen Prinzipien dort bleiben, dafür scheue ich keine Anstrengung.«

»Halt an«, rief ich flehend. »Mir dreht sich der Kopf! Ich bin die großen Ordnungen, denen du gebietest, nicht mehr gewohnt.«

»Auch dafür habe ich Verständnis«, antwortetest du leutselig, indem du deine Rechte über mich ausstrecktest. »Ich erkläre dir das Ganze noch einmal. Damit du mir besser folgen kannst, erzähle ich dir eine Geschichte, deren Anfang dir vertraut ist. Erblickst du den kronenförmigen Funkelstern direkt über deinem Kopf? Erst vor kurzem war ich gezwungen, ihn in den Himmel zu tragen, wobei ich ihm den Namen ›Ave-Schloß‹ gab. In meiner großen Sorge neige ich mich nämlich auch der irdischen Lokalpolitik zu. Allerdings wird diese durch mein weises Walten überflüssig und darf sich im ewigen Sinn, den ich ihr verleihe, auflösen.«

Wieder konnte ich mich nicht hindern, dich zu unterbrechen: »Immer weniger begreife ich dich. Der Name ›Ave-Schloß‹ klingt mir nicht nach Alltagspolitik. Erkläre mir den Zusammenhang.«

»Wie alle anderen bist auch du ungeduldig«, gestandest du mir gütig zu, »vor den Toren deiner Stadt steht auf dem Kamm eines vielbegangenen Berges ein großes, burgähnliches altes Haus, das den Namen »Eva-Burg« trägt. An deinem verärgerten Gesicht erkenne ich, daß du mich endlich zu verstehen beginnst. Es diente vielen Menschen als schlichtes Ausflugsziel. War es nicht gepflegt und brachte es nur wenig Geld ein, so galt es doch bei vielen einfachen Menschen als gemütlich. Da ich den Fortschritt liebe, habe ich Verständnis dafür, daß die Stimmbürger deiner Stadt, wenn auch mit knapper Mehrheit, ihren Abbruch beschlossen haben. Schließlich schwimmt sogar deine Stadt nicht im Geld und hat Wichtigeres als nostalgische Renovierungsaufgaben zu erledigen.«

Ich wurde aufmüpfig. Dieser alte pathetische Herr maßte sich an, sogar zur Lokalpolitik meiner Stadt Stellung zu nehmen. Seines gütigen Aussehens wegen hatte ich ihn zunächst für meinen Freund gehalten. Aber war er nicht ein komischer Patron?

Als wisse er um meine Gedanken, erhob er beruhigend Hand und Stimme: »Ich meine es gut mit den Menschen. Noch vor dem Abbruch habe ich in meiner allwissenden Voraussicht die Eva-Burg in den Himmel aufgenommen, von wo aus sie auf ewig strahlen wird. Ihr Menschen seid in Fragen des Heimatschutzes überfordert. In der ewigen Heimat bekommt alles Vergangene seinen unvergänglichen Sinn. Jedes Haar, das euch vom Haupt fällt, bleibt auf ewig aufgehoben, jedes alte, schutzwürdige Haus, das ihr abreißt, erhält seinen Platz in der Planung der himmlischen Stadt. Eure Burg wurde im Himmel erhöht, damit auf Erden für den Fortschritt ein bißchen mehr Raum frei wird. Ich änderte ihren Namen von ›Eva-Burg‹ zu ›Ave-Schloß‹, habe ich sie doch zu einer der Residenzen der großen Königin erkoren.«

»Aus diesem Beispiel, das deiner lokalen Begabung näher liegt, sollst du Vertrauen fassen, daß alle gescheiterten Menschheitsunternehmungen schließlich ihren Weg in die ewige Heimat finden, ebenso wie die enttäuschten Hoffnungen der Menschen nicht verlorengehen, wie kleine Geister glauben, sondern für immer in den ewigen Prinzipien erhöht und aufgehoben sind. Diese regieren die Welt. Aus ihnen kommt himmlischer Friede.«

Trotz meines wachsenden Ärgers war ich beeindruckt. So ordentlich also war die Welt, so sinnreich ihre Geschichte. »Doch erkläre mir«, fragte ich dich etwas freundlicher, »warum sich Menschen, die ewigen Prinzipien anhängen, mit Leidenschaft untereinander bekriegen? Ist eine Wahrheit, die in den Sternen steht, nicht ein gefährliches Konfliktrisiko?«

Ich hatte die Frage noch nicht zu Ende gestellt, als ein lautes Zischen ertönte, wie wenn Feuer im Wasser verglüht. Vor Schrekken schrie ich auf und rief nach dir. Statt einer Antwort vernahm ich höhnisches Gelächter, das von allen Seiten des Weltalls auf mich einstürzte. Ich blickte um mich und sah auf jedem der kleinen Funkelsterne, die der dubiose alte Weise mir als ewige Prinzipien gedeutet hatte, einen Mann mit gespreizten Beinen hocken. Einer übertönte alle: »Ich bin es, der die ganze Welt regiert. Keine Tugend ist größer als die Liebe. Ich bin der einzige Erlöser.« Doch schon wurde er durch den Mann, der vom Funkelstern auf der gegenüberliegenden Seite des Weltalls bedrohlich mit seinen Beinen baumelte, unterbrochen: »Du Hanswurst! Jeder ist sich selbst der Nächste. Gerechtigkeit will befohlen sein. Zum Wohle der Menschen sage ich dir den Kampf an. Ich bin der einzige Erlöser.«

Nun erhob sich von allen Seiten des Weltalls lautes Schreien und Streiten. Die Erlöser, jeder mit seinem ewigen Prinzip, machten Geschichten. Wären sie nicht an Sternsitzen fixiert gewesen, hätte es eine wüste Rauferei gegeben. Untereinander aber waren sie machtlos.

Daher formte ich mit meinen Händen einen Trichter und rief meine Frage schallend ins All: »Doch sagt mir, ihr hohen Männer, wie übt ihr eure Macht aus? Wie macht ihr Weltgeschichte?«

Da ertönte von allen Seiten des Universums ein giftiges, schrilles Pfeifen, als würden gefährliche kleine Raketen durch die Luft sausen. Erstaunt sah ich, wie von jedem himmlischen Hocker, auf dem ein Prinzipienreiter festklebte, ein mächtiger Lichtkegel mit eigener Farbe zur Erde niederschoß und sich dort in viele gleichfarbige Lichtstrahlen teilte, die sich in Ausfächerungen über bestimmte Gebiete der Erde verbreiteten. Die Einfluß- und Machtbereiche der verschiedenen Erlöser waren nach Größe und Farbintensität verschieden.

Nun begann auf der Erde ein großes Kriegen. Wie unter Hypnose bekannten die Menschen Farbe und versuchten, die Bekenner anderer Farben auszumerzen. Selbst das Prinzip der Toleranz übte trennende Macht aus, indem es sich abwechselnd mit verschiedenen anderen Prinzipien verbündete, etwa mit dem Prinzip des freien Wirtschaftswachstums oder dem der Nation oder dem einer bestimmten Religion. Da die meisten Menschen gleichzeitig von den Lichtstrahlen mehrerer Erlöser getroffen wurden, kamen sie aus dem Kämpfen nicht heraus.

Mit Entsetzen beobachtete ich, wie sich einzelne Menschen sogar selber peitschten und schwere Verletzungen zufügten, während verschiedenfarbige Lichtstrahlen auf sie einstürmten. Was ich längst befürchtet hatte, bestätigte sich mir in dieser unerträglichen Raffung. »Haltet ein!« rief ich den Erlösern zu, »haltet ein, wie könnt ihr erlösen, wenn sich Menschen in eurem Namen gegenseitig umbringen? Ich flehe euch an: Haltet zusammen eine Konferenz ab und versucht, euch zu einigen.«

Da verschwand das grausige Bild des großen Krieges. Es wurde dunkel wie vor Beginn eines Spielfilms. Aus der Finsternis tauchte langsam eine hübsche Insel auf, die in einem himmlisch blauen Meer lag. Über ihr schwebte ein Spruchband mit der Inschrift: FERIENCLUB DER ERLÖSER. Auf der Insel saßen alle Erlöser, jeder auf einem Stuhl, und brüteten vor sich hin. Offensichtlich hatten sie sich nichts zu sagen. Ohne die irdische Hausmacht mangelte es jedem an Kraft und Initiative. Die Insel war traumhaft, aber die Atmosphäre beklemmend.

Nur einmal entbrannte ein kurzer Streit, der mir vorübergehend Erleichterung verschaffte. Im heftigen Disput ging es um den ehrwürdigen, weißbärtigen Mann, dessen Abwesenheit auf der Insel mir gar nicht aufgefallen war. Eine kleine aktive Minderheit der Erlöser lehnte ihn entschieden als Kollegen ab. Ich traute meinen Augen und Ohren nicht, als sich alle anderen Erlöser zum Bruderbund die Hände reichten und feierlich im Chor ausriefen: »Er ist unser aller ewiges Prinzip!«

Im selben Augenblick tauchte aus dem Nichts der Gegenstand dieses Bekenntnisses, nämlich der alte Mann auf, der mir im Zentrum des Planetariums erschienen war und dessen trügerischem Phantom-Du ich fast auf den Leim gegangen wäre.

Nun bot sich mir das öde Schauspiel eines beispiellosen Verfalls dar. Ohne jedes Interesse für die anderen hockten die Männer da und versanken zunehmend in sich selber. In sich trostlos wiederholenden Bewegungen wackelten sie mit ihren Köpfen, öffneten und schlossen ihre Münder wie Kaulquappen, schaukelten mit den Oberkörpern vor und zurück und stießen mit stumpfen Stimmen die stets gleichen Worte hervor. Ich bringe es nicht über mich zu verraten, welche Erlöser an welchen Absonderlichkeiten litten. Daß sich der Vertreter des Prinzips der Nation immer wieder hochreckte, den rechten Arm ausstreckte, die rechte Hand zur Faust schloß und wieder öffnete, den Mund aufsperrte, wie um eine Rede zu halten, stockte und sich schließlich hinsetzte, war noch die harmloseste aller Schrullen.

Mit Schaudern beobachtete ich, wie die Erlöser im Zeitraffertempo alterten. Das Spruchband, das über der hübschen Insel schwebte, wurde von unsichtbarer Hand ausgewechselt. Jetzt stand in schwarzer Schrift zu lesen: ALTERSSIEDLUNG ZUM HIMMLISCHEN FRIEDEN.

Den grauenvollen Anblick der ehrwürdigen Männer, von denen mich noch einige durch meine Kindheit und Jugend zu führen versucht hatten, hielt ich nicht mehr aus. So heftig drehte ich meinen Kopf zur Seite, daß ich mich auf einmal an einem neuen Ort befand. Wie glücklich war ich, mich wieder in vertrauter und menschlicher Umgebung vorzufinden. Vor mir stand auf einem Bergkamm ein altes, hohes, burgähnliches Haus. Wie oft schon hatte ich hier gesessen, im alten Eßsaal mit den vergilbten Geweihen oder auf dem weiten freien Platz, von wo der Blick über See und Berge schweifte! Jetzt waren die Türen verrammelt. An der einen Tür, die zum Aussichtsplatz hinausging, war mit vier Reißnägeln eine Himmelskarte befestigt. Interessiert trat ich näher. Genau an der Stelle, die mir der närrische Alte im Planetarium gezeigt hatte, war der neue himmlische Standort der Eva-Burg eingezeichnet.

Wie ich sinnend vor dem heruntergekommenen irdischen Original stand, tauchtest du auf und machtest ein bekümmertes Gesicht: »Die Erde entvölkert sich immer mehr vom kleinen Glück des Alltags. Deshalb nimmt die Überbevölkerung des Himmels bedrohlich zu.«

Ich pflichtete dir bei: »Auf Geigen, die im Himmel hängen, kann man auf Erden nicht spielen. Wir müssen handeln.« Zunächst einmal setzten wir uns auf den Boden, weil es keine Stühle mehr gab, und packten eine Flasche Wein aus. Seit fünfundzwanzig Jahren kannten wir uns schon, und wenn wir uns begegneten, kamen uns immer noch Einfälle, die weiterhalfen. Wir entkorkten die Flasche und merkten, daß wir die Gläser vergessen hatten. Auf das Wohl der Eva-Burg, an die wir uns noch anlehnen konnten, hoben wir die Flasche und tranken abwechselnd daraus.

Du nahmst den Faden wieder auf: »Wir müssen das unsrige dazu beitragen, daß sich die Erde nicht weiterhin von lösbaren Anliegen entvölkert und an deren Stelle überzeichnete und unbewegliche Ideale, Ängste, Prinzipien und Vorurteile in den Himmel abwandern. Diese müssen wir auf irdische Maßstäbe redimensionieren, damit sie in Bewegung geraten und wir unsere Probleme lösen können.« Auch heute waren wir uns einig.

Unsere Freundschaft beruhte auf der Begeisterung, mit der wir uns gegenseitig ansteckten. »Was tun?« fragte ich nach einer Pause, »die Abstimmung ist gelaufen. Die Eva-Burg wird abgerissen. In dieser Angelegenheit bleibt uns nichts anderes übrig, als eine weitere Abwanderung in den Himmel zu beklagen.«

Stumm und ratlos saßen wir da. Schließlich brachst du das Schweigen: »Der Abbruch der Eva-Burg bedeutet wenig: ein kleines lokalpolitisches Kuriosum. Doch dürfen wir seine Bedeutung als Zeichen nicht außer acht lassen: Wieder verlieren wir eine Wurzel. Einmal mehr üben Menschen Verrat am Gewachsenen und kündigen somit auch der Erde respektlos ihre Solidarität auf. Wie lächerlich ist die menschliche Bewegungswut, mit der die Katastrophe beschleunigt wird, wie gefährlich lächerlich! Im Gegenzug wollen wir uns der Lächerlichkeit eines aussichtslosen Anliegens aussetzen. Warum nicht eine Abstimmungsrevision verlangen? In bezug auf die Unregelmäßigkeiten in der Abstimmungskampagne und Informationspolitik gehen wir ja miteinander einig. Wo läßt es sich ansetzen, wenn nicht beim Wiederaufrollen vergangener Fehlentwicklungen und Fehlentscheide?«

Wie hätte ich mit dir nicht einverstanden sein können!

Dreizehnter Kreis

Freundeskreis für aussichtslose Anliegen

Eine Woche später saßen wir, dreizehn Frauen und Männer, im Kreis auf dem großen Platz vor der Eva-Burg, um den »Freundeskreis für aussichtslose Anliegen« ins Leben zu rufen. Hoffnungen wollten wir keine wecken, denn diese entfernen sich, ballonengleich, von der Erde und steigen zum Himmel. Wo die Ehrfurcht vor Leben und Wachstum ihre schützenden Kreise zieht, erübrigen sich Hoffnungen.

Wie ich uns so im Kreise auf dem Boden sitzen sah, erinnerte ich mich an die gespenstische Konferenz der Erlöser auf ihrer traumhaften Insel. Im Gegensatz zu ihnen mußten wir uns nicht mit großen Hoffnungen und ewigen Prinzipien herumschlagen. Uns ging es bloß um die sich erweiternden Kreise einzelner Anliegen. Da diese kaum Aussicht auf Erfolg hatten, mußten wir uns zunächst um gemeinsame Einsicht bemühen. Die Erlöser, jeder in der Absonderung seines Wahns, waren nur mit ihrem Verfall beschäftigt. Wir aber wärmten uns am Feuer der Freundschaft und hatten es gut zusammen.

Auf einmal sah ich vor meinem inneren Auge, wie sich unser kleiner Kreis der Dreizehn dehnte und streckte und schließlich mit dem Erdkreis zusammenfiel. Mit großer Intensität fühlte ich, daß die Erde unsere Mitwelt ist und wir die Erde sind. Dann wieder verengte sich der Kreis auf den Platz vor der Eva-Burg, wo wir saßen. Doch blieb mir das Gespür für die große Atembewegung, die unseren Kreis mit dem Erdkreis verband, und für die kostbare Erfahrung der Freundschaft.

Über uns sank die Nacht. Die verrammelte Eva-Burg war nicht beleuchtet, ebensowenig wie der Platz, auf dem wir uns befanden. Wir blieben noch eine Weile im Dunkeln sitzen, bevor wir gemeinsam aufbrachen.

Hinauswurf

Nachdem ich auch den dreizehnten Kreis durchschritten hatte, empfand ich zum ersten Male Neugierde, wohin mich meine Reise noch führen würde. An einem Vormittag im Oktober saß ich in der Sonne auf einem Stein und war auf den vierzehnten Kreis gespannt. Ich schlug ein Bein übers andere und wurde von Stunde zu Stunde ungeduldiger. Die nahe Turmuhr schlug und schlug. Nach und nach wich meine Ungeduld einer überwältigenden Schläfrigkeit. Immer wieder fiel mein Kopf auf die Brust, doch riß ich ihn ein übers andere Mal hoch, wollte ich doch den Eintritt in den vierzehnten Kreis nicht verpassen.

Einmal war ich nahe daran, fest und lang einzuschlafen. Wie froh war ich, als mich die Turmuhr hochriß. Ich zählte ihre Schläge: Es waren zwölf. Beim letzten Schlag fand ich mich plötzlich in einem zylinderförmigen Raum vor. Um die runde Wand verteilt standen viele Menschen und warteten wie ich. Im Raum herrschte dämmrige Dunkelheit, so daß ich keinen erkennen konnte. Nun entfesselte sich in mir ein Kampf widerstreitender Empfindungen: Ausgelassenheit jagte Schwermut, Traurigkeit stolperte über Freude. Nachdenklichkeit rang mit frischem Mut, Innigkeit stieß sich an Streitlust, Sinnestaumel wurde von Ernst gebremst, Zorn verrauchte in Verständnis, Wut kam durch Sanftmut zum Stehen, Liebe prallte auf Haß.

Allmählich wurde es heller, und gleichzeitig begann sich der Zylinder, in dem wir standen, ganz langsam zu drehen. »Dich kenn ich doch«, rief ich beim Anblick eines kräftigen, hübschen Jungen aus, »nackt im Regen haben wir zusammen getanzt.« Da fingen wir gleich zu lachen an, wie wir es immer taten, wenn wir uns sahen. – »Und du, mit der ich durch den Urwald zu halslosen Steinköpfen ritt; und du, mein junger Tanzmeister auf dem Festplatz, der uns zum Gefängnis wurde, und du, Zirkusmädchen, dich liebte ich so innig, daß ich mit dir fortziehen wollte; und du, meine Freundin, deiner Verzweiflung begegnete ich in einer mexikanischen Kirche; und du, mein Doppelgänger, mit dir stürzte ich fast zu Tode; und du, mit dem ich drei Tage auf einem Felsen im Meer ausharrte, bis sich der Sturm besänftigte; und du, im Steigen der Ballone lernte ich mit dir die Liebessehnsucht; und du, mit deinem Sprung vom Felsen verjüngtest du mich; und du, dem ich das Rauchfaß wegschnappte; und du, der wie ich auch die herrliche Welsche liebte; und du, der mich zur dreimal verwitweten Frau geleitete, um sie und mich von einem alten Fluch zu erlösen; und du, mein weißhaariger Freund, dessen Leichnam ich in Indien verbrannte; und du, und du, und du ...«

Die Trommel drehte sich schnell und schneller. Langsam senkte sich der Boden unter unseren Füßen und verschwand. Neben und übereinander klebten wir an der Wand, jauchzten vor Freude und kreischten vor Entsetzen. So rasend schnell ging es, daß du und ich und du uns gleichzeitig entkamen und erhaschten. Dreimal hörte ich einen spöttisch ausgestoßenen Ruf mit einer abenteuerlich gedehnten Schlußsilbe, den ich in der Verquirlung der Leiber, Töne und Empfindungen gerade noch vernehmen konnte: »Silly boy, silly boy, silly boy!« schrie es, und dann wurden auch diese Worte ins Tosen der einen Kreisbewegung hineingesogen. Ein übers andere Mal hatte ich »Du« geschrieen, und nun verschmolzen alle meine Rufe zu einem einzigen Du, das ihr alle zusammen und doch auch jede und jeder im besonderen wart. Die Silbe »Du« war vom Wirbel, in dem wir eins wurden, nicht mehr zu unterscheiden.

Ein Rad, das sich immer schneller dreht, scheint bei einer bestimmten Drehzahl plötzlich stillzustehen. So war es mir im rasenden Wirbel auf einmal zumute, als befänden wir uns alle zusammen unbeweglich im gleichen Punkt, der sowohl überall als auch nirgends war. Eine durchdringende Stille, nicht gleichzusetzen mit der Abwesenheit von Tönen, füllte und dehnte nun den Zylinder, der sich wie eine Blüte nach oben hin öffnete und mich nach dem umgekehrten Gesetz der Schwerkraft höher und höher fallen ließ, bis ich die Besinnung verlor.

Als ich wieder zu mir kam, war ich gerade daran, mich von der Litfaßsäule, an die ich mich mit hochgestelltem rechten Fuß gelehnt hatte, wegzubewegen. Vor mir saßen die gleichen jungen Frauen und Männer wie vorhin am Seeufer und aßen schmatzend und schwatzend ihre Brote. Ich schlenderte zum nahen Kiosk, kaufte mir ein Brot und setzte mich zu ihnen.

Peter Schellenbaum
Nimm deine Couch und geh!
Heilung mit Spontanritualen
294 Seiten. Gebunden

In einer Zeit, in der die Analysemüdigkeit und der Unmut über die jahrelange Abhängigkeit von einem Therapeuten immer stärker zunimmt, ist Peter Schellenbaums Buch revolutionär: Nur der Patient, nicht der Therapeut kann den Heilungsprozeß bewirken!

In seinem neuen Ansatz weist Peter Schellenbaum dem Therapeuten lediglich eine begleitende, unterstützende Funktion zu. Er agiert eher im Hintergrund: Vergleichbar einem Regieassistenten unterstützt er den Patienten während des Heilungsprozesses.

Kösel-Verlag

Arno Gruen
im dtv

Der Verrat am Selbst
Die Angst vor Autonomie
bei Mann und Frau

Heute aktueller denn je: der Begriff der Autonomie, der nicht Stärke und Überlegenheit meint, sondern die volle Übereinstimmung des Menschen mit seinen eigenen Gefühlen und Bedürfnissen. Wo sie nicht vorliegt – eher die Regel als die Ausnahme –, entstehen Abhängigkeit und Unterwerfung, Macht und Herrschaft. Ein Buch, das eine Grunddimension mitmenschlichen Daseins erfaßt.
dtv 35000

Der Wahnsinn der Normalität
Realismus als Krankheit:
eine grundlegende Theorie zur menschlichen Destruktivität

Arno Gruen legt die Wurzeln der Destruktivität frei, die sich viel öfter, als uns klar ist, hinter vermeintlicher Menschenfreundlichkeit oder »vernünftigem« Handeln verbergen. Er überzeugt durch die Vielzahl der Beispiele und schafft die Beweislage, daß dort, wo Innen- und Außenwelt auseinanderfallen, Verantwortung und Menschlichkeit ausbleiben.
dtv 35002

Falsche Götter
Über Liebe, Haß und die
Schwierigkeit des Friedens

»Ich meine nicht, daß man mit Politikern psychoanalytisch reden soll. Ich meine, daß man jemandem, der lügt, sagen soll, daß er lügt. Solange wir glauben, daß wir die Liebe dieser Leute benötigen, um erlöst zu werden, sind wir verloren. Wenn wir wieder lernen, andere Menschen auf eine natürliche Art empathisch wahrzunehmen, kann uns niemand mehr an der Nase herumführen.«
dtv 35059 (Januar 1993)

C.G. Jung – Taschenbuchausgabe

Herausgegeben von Lorenz Jung

C.G. Jung
Taschenbuchausgabe
in elf Bänden
Herausgegeben von
Lorenz Jung auf der
Grundlage der Ausgabe
»Gesammelte Werke«
dtv 59016

Auch einzeln
erhältlich:

Die Beziehungen
zwischen dem Ich
und dem Unbewußten
dtv 15061

Antwort auf Hiob
dtv 15062

Typologie
dtv 15063

Traum und
Traumdeutung
dtv 15064

Synchronizität,
Akausalität
und Okkultismus
dtv 15065

Archetypen
dtv 15066

Wirklichkeit
der Seele
dtv 15067

Psychologie
und Religion
dtv 15068

Psychologie
der Übertragung
dtv 15069

Seelenprobleme
der Gegenwart
dtv 15070

Wandlungen und
Symbole der Libido
dtv 15071

Außerdem im dtv:

Wörterbuch
Jungscher Psychologie
Von Andrew Samuels,
Bani Shorter
und Fred Plaut
dtv 15088

Helmut Barz/Verena
Kast/Franz Nager:
Heilung und Wandlung
C.G. Jung
und die Medizin
dtv 15089

Erich Fromm
im dtv

Haben oder Sein
Die seelischen Grundlagen einer
neuen Gesellschaft
dtv 30048

Erich-Fromm-Lesebuch
Herausgegeben und eingeleitet
von Rainer Funk
dtv 30060

Psychoanalyse und Ethik
Bausteine zu einer
humanistischen Charakterologie
dtv 35011

Psychoanalyse und Religion
dtv 15006

Über den Ungehorsam
Plädoyer für den notwendigen
Ungehorsam gegenüber falschen
Autoritäten. dtv 35012

Sigmund Freuds Psychoanalyse –
Größe und Grenzen.
Eine kritische Auseinandersetzung
Erich Fromms mit seinem Lehrer
Sigmund Freud. dtv 15017

Über die Liebe zum Leben
Rundfunksendungen von Erich
Fromm – grundlegende Gedanken
zu gesellschaftlichen und psychi-
schen Problemen. dtv 15018

Die Revolution der Hoffnung
Ein Plädoyer für eine Renaissance
des Humanismus, in der die Technik
im Dienst der Menschheit steht.
dtv 15035

Die Seele des Menschen
Die Fähigkeit des Menschen zu
zerstören, Narzißmus und inze-
stuöse Fixierung. dtv 35005

Das Christusdogma
und andere Essays
Die wichtigsten religionskritischen
Schriften Erich Fromms.
dtv 35007

Die Furcht vor der Freiheit
Über die Bedeutung der Freiheit für
den modernen Menschen.
dtv 35024

Es geht um den Menschen
Tatsachen und Fiktionen in der
Politik. dtv 35057

Arbeiter und Angestellte am
Vorabend des Dritten Reiches
Eine sozialpsychologische
Untersuchung.
dtv 4409

Jean Améry
im dtv

Unmeisterliche Wanderjahre
Aufsätze

Unbestechlich im Urteil und voll aphoristischer Schärfe fragt Améry nach den geistigen Bedingungen des Menschseins in unserer Zeit. Ein nach wie vor aktueller Beitrag zur gegenwärtigen Diskussion über das Phänomen »Zeitgeist«. dtv 11162

Widersprüche

Dieser Band vereinigt Aufsätze aus den Jahren 1967 bis 1971, in denen Jean Améry Stellung nimmt zu philosophischen Fragen, zu politischen und gesellschaftspolitischen Ereignissen sowie zum Judentum. »Ein solcher Autor läßt sich nicht festlegen, er hat die Widersprüche des Zeitgeistes akzeptiert, er hat sie wieder und wieder reflektiert, und es fehlt ihm die Arroganz, uns mitzuteilen, er habe sie bewältigt.« (Ivo Frenzel in der ›Süddeutschen Zeitung‹) dtv 11322

Über das Altern
Revolte und Resignation

Améry läßt sich nicht ein auf Harmonisierung oder Verklärung. Er beschreibt das Altern als einen fortschreitenden Prozeß der Entfremdung von den Zeitgenossen, von der Welt und von sich selbst. Was bleibt, ist Revolte und Resignation, Kampf also, trotz der Einsicht, das man unterliegen wird.
dtv 11470

Charles Bovary, Landarzt
Porträt eines einfachen Mannes

War Charles Bovary wirklich nur ein dummer und gutherziger Thor, voller Unverständnis für seine romantische Frau, wie ihn sein Autor Flaubert dargestellt hat? In einer Art Wiederaufnahmeverfahren rehabilitiert Améry den betrogenen Ehemann, verhilft ihm zu seinem Recht auf Zorn und Leiden und gibt ihm die Würde, die ihm Flaubert vorenthalten hat.
dtv 30338